続・こころのふしぎ なぜ？どうして？

監修 文部科学省教科調査官 村山哲哉

原案・執筆 大野正人

高橋書店

はじめに

この本《ほん》を読《よ》んでいる人《ひと》は『こころのふしぎ　なぜ？　どうして？』も読《よ》んだことがあるかもしれません。

前《まえ》の本《ほん》は、みんなが「今《いま》」ふしぎに思《おも》うような心《こころ》についてのふしぎを集《あつ》めましたが、今回《こんかい》は、みんなが「これから」ふしぎに思《おも》うような、心《こころ》のおくのほうのふしぎも、たくさん取《と》り上《あ》げてみました。

もちろん、心《こころ》の形《かたち》は一人《ひとり》ひとりちがうので、この本《ほん》に書《か》かれていることがすべてではありません。

もしかしたら、この本《ほん》に書《か》いてある答《こた》えを読《よ》んだとき「へえ、そうなんだ」と思《おも》うだけではなく「そうかなあ？」「ちが

うんじゃないかなあ？」と思《おも》うことも、あるかもしれません。

でも、そう思《おも》うことも、じつは、とても大切《たいせつ》なのです。

そのときは、ぜひ、自分《じぶん》でよく考《かんが》えて、自分《じぶん》なりの答《こた》えを見《み》つけてください。

そして、なるべくこの本《ほん》をおとなになるまでとっておいて、何度《なんど》か読《よ》み返《かえ》してみてください。きっと、読《よ》むたびに、自分《じぶん》が感《かん》じる気持《きも》ちがかわっていることに気《き》がつくと思《おも》います。

そして、昔《むかし》の自分《じぶん》にはなかった、新《あたら》しい気持《きも》ちに気《き》づき、少《すこ》しずつ自分《じぶん》の心《こころ》が大《おお》きく、深《ふか》くなっていることを感《かん》じてもらえたら、これほどうれしいことはありません。

文部科学省初等中等教育局
教育課程課教科調査官
村山《むらやま》 哲哉《てつや》

もくじ

自分《じぶん》のふしぎ

人間《にんげん》のふしぎ

いのちのふしぎ

おとなのふしぎ

編集協力　清水あゆこ
アートディレクション　辻中浩一　　本文デザイン　辻中浩一・内藤万起子（ウフ）
ＤＴＰ　天龍社
イラスト　赤澤英子　和久田容代　なかさこかずひこ！　大西洋

しあわせのふしぎ

どうすれば、しあわせになれるの？

しあわせは、自分《じぶん》の心《こころ》が決《き》めるものです。そのため、自分《じぶん》が「しあわせ」と感《かん》じれば、しあわせになれます。そう、しあわせになるほうほうは、一人《ひとり》ひとりちがうのです。

また、しあわせは一人《ひとり》に一《ひと》つではありません。一人《ひとり》の心《こころ》の中《なか》には、たくさんのしあわせがつまっています。

自分《じぶん》がしあわせになるほうほうを知《し》るためには、まず、心《こころ》の中《なか》をのぞいて、自分《じぶん》の「しあわせの形《かたち》」をたくさん見《み》つけるところから始《はじ》めてみると、よいかもしれません。

今日のラッキー
星座
7
(日)
100

しあわせをもとめる
少年《しょうねん》・テツオ
ぼくの
しあわせって
何《なん》だろう?

みんなも、自分《じぶん》が「しあわせ!」と感《かん》じる場面《ばめん》を、たくさんそうぞうしてみてください。自分《じぶん》がどんなときにしあわせを感《かん》じるかがわかれば、自分《じぶん》の「しあわせの形《かたち》」が見《み》えてきます。でも、しあわせの形《かたち》は時間《じかん》とともにかわっていくので、ときどき、心《こころ》の中《なか》のしあわせさがしをするとよいでしょう。

人《ひと》の数《かず》だけ「しあわせ」がある

人《ひと》は、だれもが「しあわせになりたい」と思《おも》いながら、くらしています。世《よ》の中《なか》には、いったいどのようなしあわせがあるのか、見《み》てみましょう。

しんじるしあわせ
ぬくもりのしあわせ
平和《へいわ》のしあわせ
おだやかなしあわせ
おなかいっぱいのしあわせ
金
たっせいするしあわせ
のしあわせ
N
きぼうのしあわせ
元気《げんき》のしあわせ

あいされるしあわせ
みとめられるしあわせ
やさい
ego
自分《じぶん》のためのしあわせ
大事《だいじ》にされるしあわせ
むちゅうになる
しあわせ
今《いま》だけのしあわせ
生《い》きるしあわせ
ゆめ見《み》るしあわせ
なかよし
S

「しあわせ」は、きけんなひびき…

だれもがねがう、しあわせ。でも、「しあわせになりたい」という気持《きも》ちが強《つよ》くなりすぎると、このように、こまったことが起《お》こる場合《ばあい》もあります。

この子《こ》は、かわいいワンピースがほしかっただけ。
お父《とう》さんは、子《こ》どものえがおが見《み》たかっただけ。
それなのに、みんな悲《かな》しい気持《きも》ちになってしま
いました。
しあわせとは、考《かんが》えすぎると「そのしあわせ
がいは、しあわせじゃない」と思《おも》い
こんでしまう、少《すこ》しこわいこと
でもあるのです。

しあわせを感《かん》じるのは、人間《にんげん》だけ？

人間《にんげん》いがいの動物《どうぶつ》や物《もの》に、しあわせを感《かん》じる気持《きも》ちがあるかどうかは、わかりません。でも、イヌはしっぽで自分《じぶん》の気持《きも》ちを表《あらわ》すといわれるように、きっと動《どう》物《ぶつ》も、しあわせを感《かん》じていると思《おも》います。

では、えんぴつや本《ほん》などの「物《もの》」はどうでしょう？　物《もの》に気持《きも》ちがあるのかはわかりませんが、すべての物《もの》は、人《ひと》の役《やく》に立《た》つために生《う》まれてきました。だから、物《もの》は「さいごまで大切《たいせつ》に使《つか》われる」ことで、しあわせを感《かん》じるはずです。

物《もの》を大切《たいせつ》に使《つか》うには…

何《なに》か書《か》こうと思《おも》っても、ペンがなければ書《か》けません。出《で》かけようと思《おも》っても、かばんがなければ荷物《にもつ》がバラバラになってしまいます。何《なに》かを使《つか》うとき、ほんのいっしゅんでいいので、このことを思《おも》い出《だ》してください。それだけで、いろいろな物《もの》を大切《たいせつ》に使《つか》うことができるようになります。

だれかのよろこびが、自分《じぶん》のよろこびになるとき

「人《ひと》の役《やく》に立《た》つこと」でしあわせを感《かん》じるのは、物《もの》だけではありません。人間《にんげん》だって、だれかの役《やく》に立《た》つことで、しあわせを感《かん》じることがあります。

いつも
ありがとう
おべんとう
持《も》ってくれて
ありがとう
○○スーパ

ゆめをかなえたら、やっぱりしあわせだよね？

もちろんです。でも、ゆめをかなえたときのしあわせは、あまり長《なが》くはつづかないようです。いったい、どういうことなのでしょう？

スタート!
決《き》めた! わたしは お花屋《はなや》さんになって、自分《じぶん》のお店《みせ》を 作《つく》る!
かなえゆめ子《こ》(9才《さい》)
いろいろ なやんだけど やっぱり お花《はな》がすき!
お花《はな》のこと たくさん 勉強《べんきょう》しよう!
お店《みせ》で はたらける ようになったのは いいけど…
朝《あさ》は早《はや》いし、立《た》ちっぱなし でつかれる…
はたらき ながら 勉強《べんきょう》するのって、たいへん!
お店《みせ》を 作《つく》るのに、お金《かね》も ためなきゃ…
お金《かね》を かして ください!
ぜったい せいこう させます!
わ、わかりました。あなたを しんじましょう…
やったあ! ついに自分《じぶん》の お店《みせ》が かんせい!
OPEN
ゆめが かなって しあわせ!
ゴール?

ゆめをかなえたしゅんかんは、大《おお》きなしあわせを感《かん》じることができます。しかし、ゆめの終《お》わりは、新《あたら》しいゆめの始《はじ》まりでもあります。

だから、ゆめをかなえた多《おお》くの人《ひと》は一《ひと》つのゴールをクリアしたあと、そのしあわせを少《すこ》しの間《あいだ》かみしめるとすぐに、また新《あたら》しい、たいへんな道《みち》を進《すす》んで行《い》くのです。

がんばってゆめをかなえたのに、少《すこ》ししあわせを感《かん》じたら、またすぐにがんばり始《はじ》めなければいけない。何《なん》だかとてもたいへんそうですが、ゆめをかなえた人《ひと》は、どうしてそんなにがんばれたのでしょう？

これまでにわたしが通《とお》ってきた道《みち》を、もう一度《いちど》よく見《み》てみて。しあわせなときに白いコマ つらいときに黒《くろ》いコマを おいていくと…
スタート
うわあ、黒《くろ》がつづくなあ…
でもね、ゆめがかなうと ほら…
あっ
クルッ
全部白《ぜんぶしろ》になっちゃった！
ゆめをたっせいしたしゅんかん、これまでのつらかった道《みち》が全部《ぜんぶ》しあわせな時間《じかん》にかわる。そして、自分《じぶん》の中《なか》にえいえんにのこりつづける。だから、そのあとまたつらいことがつづいてもがんばれるのよ
お花《はな》の国《くに》〜
じゃあ ゆめを大切《たいせつ》にね！
ぼくもがんばってみようかな…

今《いま》のしあわせと、昔《むかし》のしあわせって、ちがうの？

昔《むかし》も今《いま》も、いっぱい食《た》べたい、ゆっくりねたい、家族《かぞく》や友《とも》だちを大事《だいじ》にしたいなど、人《ひと》の気持《きも》ちは同《おな》じです。そのため、今《いま》のしあわせと昔《むかし》のしあわせは、ほとんどかわらないと思《おも》います。ただ、昔《むかし》はエアコンやせんたくきなど、べんりな道具《どうぐ》が何《なに》もなかったので、今《いま》よりも生《い》きるのがたいへんでした。そのため、「たいへんさ」から生《う》まれるしあわせも、たくさんあったようです。

ここは、大昔《おおむかし》のくらしが見《み》られる星《ほし》。むこうは今《いま》からちょっと前《まえ》のくらしが見《み》られる星《ほし》です
ちょっとむかし星《せい》
かなりむかし星《せい》

今《いま》はしあわせな時代《じだい》なの？

人間《にんげん》のこれまでのれきしから見《み》ると、食《た》べるものにこまらず、せんそうもない今《いま》の日本《にほん》は、とてもしあわせといえます。でも、これは、昔《むかし》とくらべたときの話《はなし》。今《いま》を生《い》きているわたしたちは、食《た》べ物《もの》があることがしあわせとは感《かん》じられません。心《こころ》は、とってもぜいたくにできているので、当《あ》たり前《まえ》になってしまうと、しあわせを感《かん》じなくなるのです。

お金《かね》持《も》ちのほうが、しあわせだよね？

家《いえ》や服《ふく》、食《た》べ物《もの》など、「くらすために、これだけはひつよう」というものがないと、しあわせを感《かん》じることはむずかしくなります。だから、それらを買《か》うためのお金《かね》は、しあわせになるためにひつようです。

「じゃあ、やっぱりお金《かね》持《も》ち

おもちゃが
いっぱいあるけど
君一人《きみひとり》で
遊《あそ》んでるの？
友《とも》だちは？
ここには、
お金持《かねも》ちの少年《しょうねん》が
住《す》んでいます
お金星《かねほし》

のほうがしあわせなの？」と思《おも》うかもしれません。しかし、ただお金《かね》をたくさん持《も》っているだけでは、しあわせになれるとはかぎらないようです……。

ときどき来《く》るよ。
でも、新《あたら》しい
おもちゃや
遊園地《ゆうえんち》で
遊《あそ》んだら、すぐに
帰《かえ》っちゃうんだ…

友《とも》だちが、自分《じぶん》ではなく、新《あたら》しいおもちゃだけを目当《めあ》てに遊《あそ》びに来《き》ていたことに気《き》づいたこの少年《しょうねん》は、深《ふか》くきずつき、とてもさみしい気持《きも》ちになってしまいました。
お金《かね》は、生《い》きていくためにとても大切《たいせつ》なものですが、だからといって、お金《かね》があればぜったいにしあわせになれるわけではありません。むしろ、お金《かね》で人《ひと》の心《こころ》をつかもうとすると、反対《はんたい》に、ふこうになってしまうことも多《おお》いのです。

しあわせのふしぎ

すきな人《ひと》とけっこんしたら、しあわせになれる？

この答《こた》えは、じっさいにけっこんして、何十年《なんじゅうねん》という長《なが》い時間《じかん》をいっしょにすごしたあとで、はじめてわかります。

ビューン
ビューン

ここは、時間《じかん》が早《はや》く進《すす》む「早送《はやおく》り星《せい》」。ちょうど今《いま》、けっこんしきをあげたふうふがいるから、かれらがこのあとどうなるか見《み》てみましょう
おめでとう！
早送《はやおく》り星《せい》

ほーっ
ゴミ
かわいい!
あちゃー
おめでとう!

「けっこんすればしあわせになれる」のではなく、しあわせなけっこん生活《せいかつ》は、このふうふのように、おたがいになやんだり、どりょくしたりしながら、一日一日作《いちにちいちにちつく》り上《あ》げていくもの。だから、ずっとずっと先《さき》になるまで、「自分《じぶん》がけっこんして、しあわせだったか」の答《こた》えは、わからないのです。

やったー!!
合格発表《ごうかくはっぴょう》
都会行
……
楽《たの》しそう
よかった
早井家

ずっと、しあわせなことだけだったらいいのに……

いやなことなんて一つ《ひと》もない。ずっといいことばかり。そんなふうに生《い》きられたら、どんなにしあわせだろうと思《おも》いますよね。では、そんな「しあわせしかない人生《じんせい》」を送《おく》っている人《ひと》のようすを、見《み》てみましょう。

カキーン
あぶないー!
バチーン

この星《ほし》には、
神様《かみさま》にあいされ、
しあわせなことしか
起《お》こらない少年《しょうねん》が
くらしています
神《かみ》に愛《あい》された
少年《しょうねん》の星《ほし》

こんなにいいことばかりなのに、この少年《しょうねん》は、自分《じぶん》のことをしあわせと思《おも》っていないどころか、つまらないと言っています。なぜなのでしょう？ 次《つぎ》のページでせつめいします。

「ずっとしあわせ」は、本当《ほんとう》にしあわせ？

てきとうに書《か》いた
作文《さくぶん》が
「ノーベル文学賞《ぶんがくしょう》」！
全国
練習《れんしゅう》せずに
サッカーで
全国《ぜんこく》ゆうしょう！
テストは
いつも
100点《てん》！
100
神《かみ》に愛《あい》された
少年《しょうねん》の人生《じんせい》

自分《じぶん》が生《い》きる道《みち》のことを、「人生《じんせい》」といいます。前《まえ》のページの少年《しょうねん》とテツオくん、それぞれの人生《じんせい》を、「よいこと」が起《お》こると上《あ》がり、「悪《わる》いこと」が起《お》こると下《さ》がるこのグラフで見《み》てみましょう。いったい、どちらが「しあわせな人生《じんせい》」なのでしょうか？

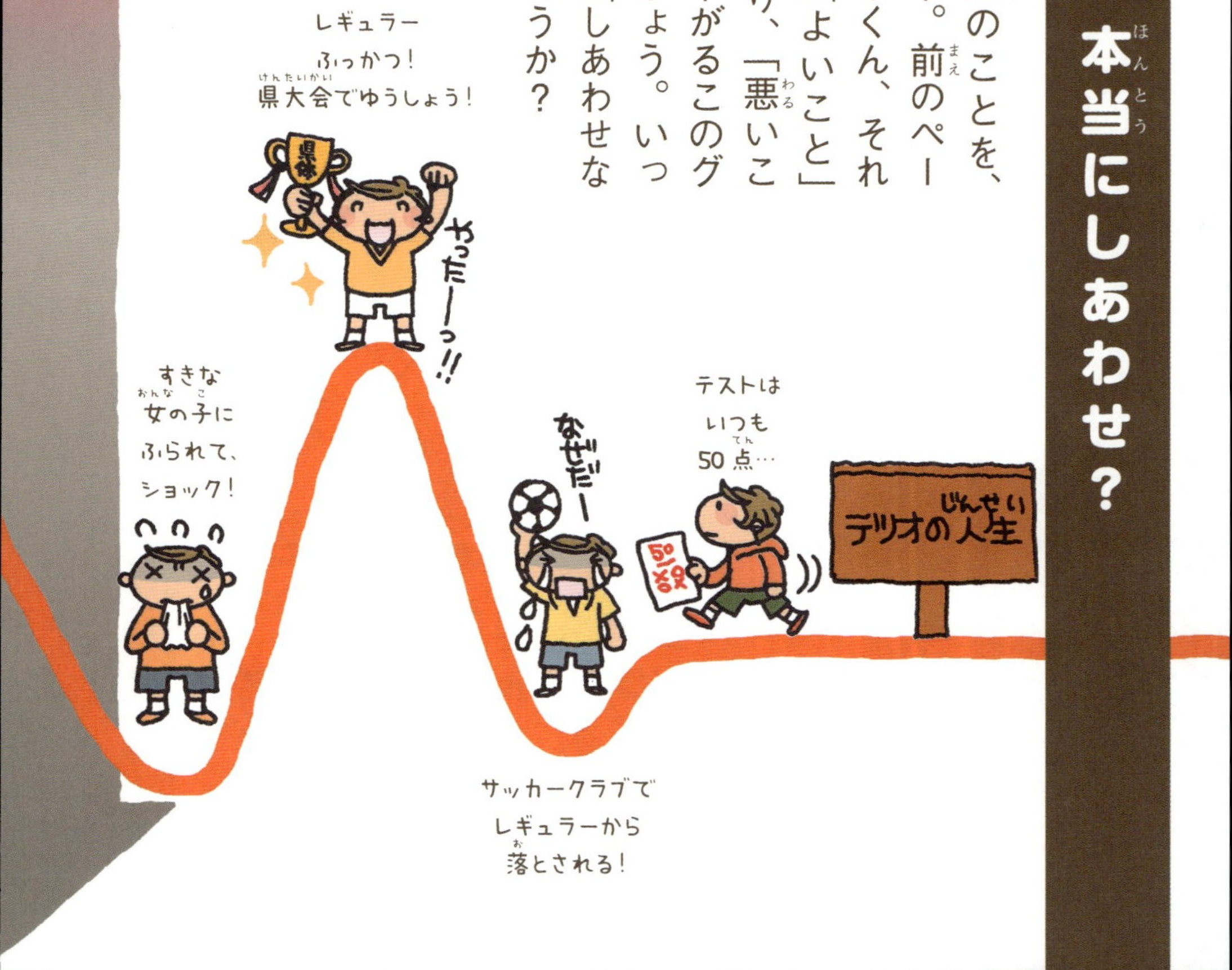
すきな
女の子《おんなのこ》に
ふられて、
ショック！
レギュラー
ふっかつ！
県大会《けんたいかい》でゆうしょう！
県体
やったーーっ!!
なぜだー
サッカークラブで
レギュラーから
落《お》とされる！
テストは
いつも
50点《てん》…
テツオの人生《じんせい》

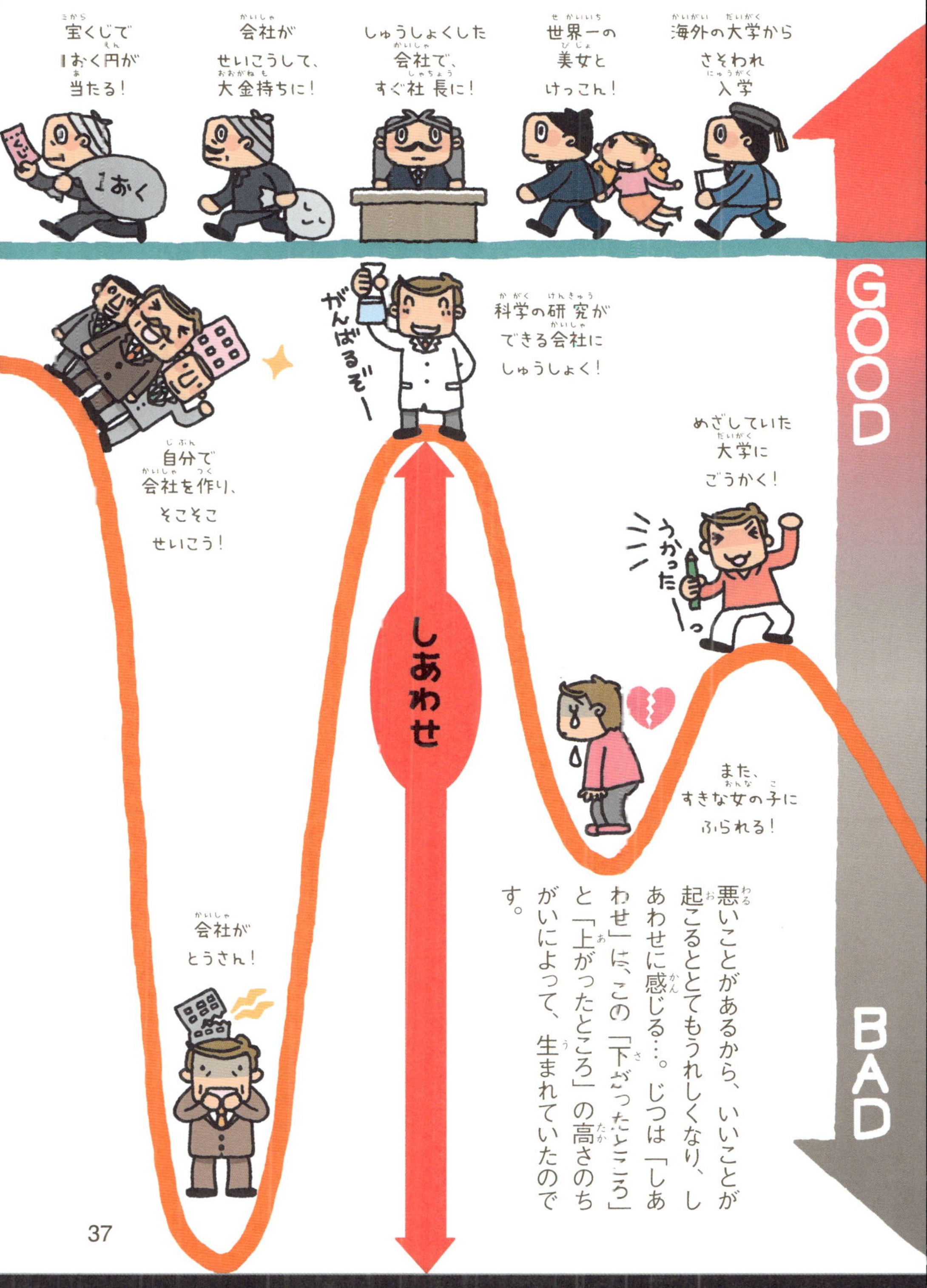
宝《たから》くじで1おく円《えん》が当《あ》たる！
1おく
会社《かいしゃ》がせいこうして、大金持《おおがねも》ちに！
しゅうしょくした会社《かいしゃ》で、すぐ社長《しゃちょう》に！
世界一《せかいいち》の美女《びじょ》とけっこん！
海外《かいがい》の大学《だいがく》からさそわれ入学《にゅうがく》
GOOD
がんばるぞー
科学《かがく》の研究《けんきゅう》ができる会社《かいしゃ》にしゅうしょく！
自分《じぶん》で会社《かいしゃ》を作《つく》り、そこそこせいこう！
めざしていた大学《だいがく》にごうかく！
うかったーっ
しあわせ
また、すきな女《おんな》の子《こ》にふられる！
会社《かいしゃ》がとうさん！
BAD

悪《わる》いことがあるから、いいことが起《お》こるとてもうれしくなり、しあわせに感《かん》じる…。じつは「しあわせ」は、この「下《さ》がったところ」と「上《あ》がったところ」の高《たか》さのちがいによって、生《う》まれていたのです。

世界中《せかいじゅう》の人《ひと》がしあわせになるほうほうって、ないの？

この星《ほし》は？
どうぐぼし
道具星
プシューーッ
ここはどんなねがいでもかなえてくれる道具《どうぐ》を作《つく》れる星《ほし》です

ここに「世界中《せかいじゅう》のみんながしあわせになるマシン」があります。このきかいのスイッチを入《い》れてみましょう！

あれ？ みんなねむってしまいました。どうして、これが、みんながしあわせになるほうほうなのでしょうか？

じゃあ
世界中《せかいじゅう》の
みんなが
しあわせになる
きかいを
作《つく》って
もらおう！
ナイスアイデア
1時間後《じかんご》…
できた！
ON
OFF
さっそく
地球《ちきゅう》にもどって
みんなをしあわせに
してあげよう！
ガチャッ
ON
OFF
ZZZZZ…

時間《じかん》が止《と》まったかのように、みんながねむった世界《せかい》。どうやらみんな、しあわせになったゆめを見《み》ているようです。そのゆめをのぞいてみましょう。

たとえば、左《ひだり》上《うえ》のゆめを見《み》てみると、校庭《こうてい》を走《はし》っている子《こ》は、二人《ふたり》とも一番《いちばん》になろうとしています。でも、げんじつには一番《いちばん》になれるのは一人《ひとり》だけです。このように、すべての人《ひと》が同時《どうじ》に、自分《じぶん》のしあわせをかなえることはできません。そのため、世界中《せかいじゅう》のみんながしあわせになるには、ゆめの中《なか》でしあわせになるしかないのです。

しあわせのふしぎ

自分《じぶん》が、ほかの人《ひと》をしあわせにすることはできる？

できます。

そして、これはいがいとかんたんにできることなのです。

友《とも》だちといっぱい遊《あそ》んだ日《ひ》、ばんごはんに大《だい》すきなおかずが出《で》た日《ひ》など、みんなが「楽《たの》しい」「しあわせ」と思《おも》ったとき、みんなのまわりには、きっとだれかがいたはずです。そして、そのときの「楽《たの》しい」「しあわせ」という気《き》持《も》ちは、そのとき、その

テツオがいないとしずかだな…
ユウキくんの家にあそびに行きます。星のかんさつをするから、ちょっとおそくなるかも…
テツオ

「だれか」がいっしょにいたからこそ、感《かん》じることができたものなのです。

そう、楽《たの》しいことをいっしょに楽《たの》しむ、しあわせな時間《じかん》をいっしょにすごす。これだけで、あなたもだれかをしあわせにすることができているのです。

また自分《じぶん》はとくに何《なに》もしなくても、ただあなたがそこにいるだけで、人《ひと》をしあわせにしている。そんなこともあります。

「しあわせレッスン」で、まわりの人《ひと》をもっとしあわせに

あなたがいるだけで、あなたのまわりの人《ひと》たちは十分《じゅうぶん》にしあわせですが、「もっとしあわせにしたい！」という人《ひと》のために、こんなものを用意《ようい》しました。

今《いま》すぐためせる！ しあわせレッスン

① 毎日《まいにち》えがおですごそう！

ほとんどの人《ひと》は、ニコニコとわらっている人《ひと》が大《だい》すきです。いつも、なるべくえがおですごすようにしましょう。

楽《たの》しそうな顔《かお》を見《み》ているとこっちも楽《たの》しくなるなあ…

② 言葉《ことば》ははっきり話《はな》そう！

言葉《ことば》は、相手《あいて》に自分《じぶん》の気持《きも》ちをつたえる大事《だいじ》なもの。だから、口《くち》をしっかり開《あ》けて、相手《あいて》にはっきりと聞《き》こえるように話《はな》しましょう。

あいうえお

③ どんなことでも楽《たの》しみを見《み》つけよう！

めんどうなことや、いやなことがあっても、「こう考《かんが》えたらおもしろいかも…」と、そうぞうしてみましょう。たいへんなことにも楽《たの》しそうに取《と》り組《く》むすがたは、まわりの人《ひと》の気持《きも》ちも明《あか》るくします。

④ 人《ひと》の気持《きも》ちを考《かんが》えよう！

相手《あいて》が今《いま》どんな気持《きも》ちでいるか、考《かんが》えるようにしましょう。相手《あいて》がのぞんでいることがわかれば、いっしょに楽《たの》しい時間《じかん》をすごしやすくなります。

Q どうなれば、自分《じぶん》が人《ひと》をしあわせにしたってわかるの？

A これは、とってもかんたんです。自分《じぶん》のまわりにえがおがふえること。これが、あなたが多《おお》くの人《ひと》をしあわせにできたしょうこです。えがおにかこまれれば、自分《じぶん》もうれしいですよね。そう、しあわせとは、自分《じぶん》だけで作《つく》るものではなく、まわりの人《ひと》といっしょに作《つく》っていくものなのです。

で、けっきょく、しあわせになるには どうしたらいいの？

「しあわせは、自分《じぶん》の心《こころ》が決《き》めるものです。そのため、自《じ》分《ぶん》が『しあわせ』と感《かん》じれば、しあわせになれます」

「しあわせのふしぎ」のさいしょのページに、このように書《か》かれているとおり、じつは、しあわせとは「なる」ものではなく、「感《かん》じる」ものです。

みんなのまわりは、あまりにも近《ちか》すぎて、小《ちい》さすぎて、なかなか気《き》づけないしあわせであふれています。それらの「近《ちか》くて小《ちい》さいしあわせ」を、たくさん感《かん》じること。それこそが、いちばん大事《だいじ》なことなのです。

やってみよう

「ありがとう」の気持《きも》ちで、小《ちい》さなしあわせを見《み》つけよう！

いろいろな人《ひと》や物《もの》に「ありがとう」の気持《きも》ちをもつことで、「近《ちか》くて小《ちい》さいしあわせ」はぐーんと見《み》つかりやすくなります。このほうほうを、ぜひためしてみてください。

① 小《ちい》さな「うれしい」を見《み》つける

ふだんの生活《せいかつ》の中《なか》にも、たくさんの「うれしいこと」があると思《おも》います。まずは、「うれしい！」と感《かん》じた心《こころ》に、すぐに気《き》づけるようになりましょう。

② 「うれしい」が、だれのおかげか考《かんが》えてみる

うれしいという気持《きも》ちは、だれかが運《はこ》んできてくれたものであることがほとんどです。そこで、うれしいと感《かん》じたら、それは「だれがくれたうれしい」なのか、考《かんが》えてみましょう。

③ 心《こころ》の中《なか》で「ありがとう」と言《い》ってみる

「うれしい」をくれた人《ひと》に、ちょくせつ「ありがとう」とつたえてもいいですが、その人《ひと》が近《ちか》くにいないときや、あとから「うれしい」に気《き》づいたときは、心《こころ》の中《なか》で「ありがとう」と思《おも》うだけでもよいのです。

④ いろいろな物《もの》を、「ありがとう」の気持《きも》ちで見《み》てみる

「ありがとう」の気持《きも》ちでいろいろな物《もの》を見《み》てみると、たとえば、ふだん使《つか》っているコップにも、それを作《つく》った人《ひと》や、それを買《か》ってくれた人《ひと》のすがたがうかんできます。

一《ひと》つしあわせを見《み》つけると、心《こころ》に一《ひと》つ小《ちい》さなあかりがともります。そして、たくさんのしあわせを見《み》つけた人《ひと》の心《こころ》は、たくさんの小《ちい》さな星々《ほしぼし》がかがやく、美《うつく》しい夜空《よぞら》のようになります。そんな心《こころ》を作《つく》ることが、本当《ほんとう》のしあわせなのかもしれません。

自分《じぶん》のふしぎ

自分《じぶん》って、何《なに》？

自分《じぶん》という人間《にんげん》は、自分《じぶん》の中《なか》だけにいるわけではありません。みんなが、これまでに知《し》り合《あ》った人《ひと》たちの中《なか》にも、自分《じぶん》はいます。

自分《じぶん》について考《かんが》えようとすると、ついつい自分《じぶん》の心《こころ》の中《なか》ばかりをのぞこうとしてしまいますが、じつは、まわりの人《ひと》の心《こころ》の中《なか》にいる自分《じぶん》のほうが、いがいと正《ただ》しい自分《じぶん》だったりする

のです。
だから、自分《じぶん》がどんな人間《にんげん》かを知《し》りたいときは、自分《じぶん》のことを考《かんが》えるだけではなく、まわりの人《ひと》の目《め》に自分《じぶん》はどんなふうにうつっているのか、また、その人《ひと》たちは自分《じぶん》といるとき、どんな気持《きも》ちになっているかなどについても、考《かんが》えてみましょう。
そう、人《ひと》の気持《きも》ちを考《かんが》えることは、相手《あいて》のことを知《し》るだけではなく、自分《じぶん》がどんな人間《にんげん》かを知《し》ることにも役立《やくだ》つのです。

「やさしい」って、どんな気持《きも》ち？

「やさしい」という気持《きも》ちは、少《すこ》しおかしな気持《きも》ちです。

そもそも、人《ひと》に対《たい》する「やさしさ」とは、いったい何《なん》でしょう？

やさしさとは、「思《おも》いやること」です。思《おも》いやるとは、相手《あいて》のことを大切《たいせつ》に思《おも》いながら、一生《いっしょう》けんめいに考《かんが》えること。一生《いっしょう》けんめいに考《かんが》えれば、だんだんと相手《あいて》の心《こころ》がわかってきます。

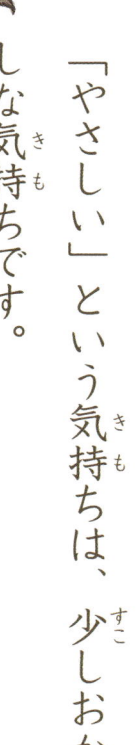

心《こころ》がわかってくると、自然《しぜん》に、その人《ひと》に向《む》ける言葉《ことば》やたいどがかわってきます。そして、自分《じぶん》の言葉《ことば》やたいどにより、相手《あいて》の心《こころ》があたたかくなったとき。

このとき、相手《あいて》の心《こころ》の中《なか》にはじめて、自分《じぶん》の「やさしさ」が生《う》まれるのです。

つまり、「やさしい」とは、自分《じぶん》の心《こころ》で作《つく》ったのに、だれかの心《こころ》の中《なか》で生《う》まれる、ふしぎな気《き》持《も》ちなのです。

だれも見《み》ていないなら、悪《わる》いことしたっていいよね？

たしかに、だれにも見《み》られなければ、悪《わる》いことをしてもおこられたり、きらわれたりすることはありません。でも、悪《わる》いことは、「おこられるから、やってはいけない」「きらわれるから、やってはいけない」というものではないのです。

では、どうして悪《わる》いことをしてはいけないのか。その本当《ほんとう》の理由《りゆう》を、せつめいしましょう。

大事《だいじ》なぬいぐるみが
どこかに
行《い》っちゃたよー

自分《じぶん》が悪《わる》いことをして、だれかをきずつけた。この「きずつけた人《ひと》の心《こころ》」を知《し》ると、悪《わる》いことが、自分《じぶん》の心《こころ》に大《おお》きく、重《おも》くのしかかります。この気持《きも》ちを「罪悪感《ざいあくかん》」とよびます。罪悪感《ざいあくかん》は、かげのようにいつもつきまとい、自分《じぶん》をせめつづけます。

罪悪感《ざいあくかん》が強《つよ》くなると、自分《じぶん》のことがどんどんきらいになります。自分《じぶん》がきらいになると、自《じ》分《ぶん》の心《こころ》を大切《たいせつ》にしなくなるため、遊《あそ》んでいても楽《たの》しくない、何《なに》を見《み》てもおもしろくないなど、つまらない人生《じんせい》を送《おく》ることになってしまいます。

自分《じぶん》のことをダメって思《おも》う気《き》持《も》ちは、やっぱりダメ？

自分《じぶん》をダメと思《おも》う気《き》持《も》ちがなければ、自分《じぶん》のダメなところを直《なお》すことができません。だから、自分《じぶん》をダメと思《おも》う気《き》持《も》ちは、決《けっ》して「ダメな気《き》持《も》ち」ではありません。

でも、ダメと思《おも》う気《き》持《も》ちがあまりに強《つよ》くなってしまうと、ダメなところを直《なお》すことすらできなくなってしまうので、気《き》をつけましょう。

① 自分《じぶん》をダメと思《おも》う気《き》持《も》ちは「おもり」になり、心《こころ》のリュックサックに入《はい》ります。

② このおもりが小《ちい》さいなら、そのダメなところをしっかり見《み》つめ、直《なお》そうと決《き》めて行動《こうどう》するだけで、だんだん軽《かる》く感《かん》じられるようになっていきます。でも、ほうっておくと…？

ズシッ
こんじょうがない
ぼくって、こんじょうないなあ…

③

おもりは少《すこ》しずつ重《おも》くなり、やがて、ほかのダメと思《おも》えるところもつれてくるようになります。すると、おもりがふえ、心《こころ》のリュックサックはどんどん重《おも》くなり、体《からだ》が動《うご》かなくなっていきます。

④

こうなると、ダメなところを直《なお》す行動《こうどう》もとれなくなり、いつまでも、ダメのおもりをせおったままになってしまいます。こうなる前《まえ》に、動《うご》き出《だ》すことが大切《たいせつ》です！

「ダメ」を「ステキ」にするほうほう

前《まえ》のページでは、「ダメなところを直《なお》そう!」と決《き》めてがんばることで、ダメをやっつけるほうほうをしょうかいしましたが、「ダメ」をステキにかえるほうほうは、ほかにもたくさんあります。

わたし、動《うご》きがかたいのよね～
ロボットダンス…う、うまい!
はい!大きく～!!
ヒラ
ヒラ
こくご
30

ダメでもいいかも…

人間《にんげん》のダメなところなんて、見方《みかた》をかえれば、よいところにかわってしまうものです。そこで、自分《じぶん》のダメなところは、本当《ほんとう》にダメなのか、もう一度《いちど》考《かんが》えてみましょう。

C.D.S.
コンプレックスダンススクール
わたしは今《いま》、だれよりも早《はや》く動《うご》いている…
ゆら〜〜
なんやそれー
あはははは
アイツ…
おれはやっぱりダンスよりおわらいがすきだ！

わらいにする

ダメと思《おも》ったことを、そのまま「おもしろいこと」として、どうどうと発表《はっぴょう》する。これで、みんながわらってくれれば、ダメなところがよいところへ早《はや》がわりします。

何《なに》かにむちゅうになる

一《ひと》つのことにうちこむと、そのことばかり考《かんが》えるようになるので、ダメと思《おも》う気持《きも》ちもどこかに行《い》ってしまいます。

ちがうことでがんばる

そこがダメでも、ほかにとくいなことがあれば問題《もんだい》ない、ということはよくあります。自分《じぶん》で決《き》めつけず、いろいろなことにちょうせんしてみましょう。

イライラする気持《きも》ちは、どうしたらいいの？

いやなことがあったときや、気持《きも》ちがあせっているときなど、イライラする気持《きも》ちが生《う》まれることはよくあります。そんなとき、どうするか。それをせつめいする前《まえ》に、一《ひと》つ知《し》っておいてほしいことがあります。

心《こころ》は、かわる。ほんのいっしゅんで…

それは、すべての気持《きも》ちは、ちょっとしたことで大《おお》きくなったり、小《ちい》さくなったりするということ。とくにイライラする気持《き》《も》ちは、風船《ふうせん》のようにとつぜんふくらんだかと思《おも》うと、すぐに小《ちい》さくなることも多《おお》いので、すぐには表《おもて》に出《だ》さないよう心《こころ》がけておきましょう。

イラッ
イラ
イラ
イラ
バーン
イラッ
ひどい!
なんで、あんなこと言《い》っちゃったんだろう?
プシュー
イラ イラ イラ イラ イラ
うれしいっ
イラッ
プクッ
あ、テスト90点《てん》!やった!
キーンコーンカーンコーン
さっきは、ごめん…
いいよー

イラッときたら…考《かんが》えよう！

前《まえ》のページにあるように、イライラした気持《きも》ちは、とつぜんふくらんでしまいます。でも、おこりながら何《なに》かしたり話《はな》したりしても、相手《あいて》もイライラするだけで、何《なに》もいいことはありません。そこで、イライラがふくらんできたと感《かん》じたら、大《おお》きく息《いき》をすいこんで、落《お》ち着《つ》いてから、この４つに当《あ》てはまっていないか、考《かんが》えてみましょう。

□ 自分《じぶん》が、わがままを言《い》ったんじゃない？

自分《じぶん》のわがままが通《とお》らないと、すぐにイライラする。こういうことばかりしていると、だんだんとまわりに人《ひと》がいなくなってしまうので、イライラしたときは、自分《じぶん》がわがままを言《い》っていないか、まず、たしかめてください。

相手《あいて》は、悪《わる》くなかったんじゃない？

親切《しんせつ》で声《こえ》をかけてくれたのに「自分《じぶん》をからかっている」と思《おも》ってしまうなど、相手《あいて》の気持《きも》ちを読《よ》みちがえてイライラすることは、よくあります。自分《じぶん》がかんちがいをしていないか、相手《あいて》はどんな気持《きも》ちだったのか、もう一度《いちど》考《かんが》えてみましょう。

本当《ほんとう》は、自分《じぶん》にイライラしているんじゃない？

なかなか上手《じょうず》に、相手《あいて》に自分《じぶん》の気持《きも》ちをつたえられなかったり、思《おも》い通《どお》りにいかなかったりして、イライラすることもあります。でも、これはうまくできない自分《じぶん》にイライラしているだけで、まわりの人《ひと》は何《なに》も悪《わる》くありません。

それって、ねたんでるだけじゃない？

たとえば、友《とも》だちと遊《あそ》べなくてさみしい気持《きも》ちや、友《とも》だちをとられてくやしい気持《きも》ちなど、いろいろな気持《きも》ちがまざり合《あ》い、何《なん》となくイライラする…。これは「しっと」という気持《きも》ちで、これも自分《じぶん》へのイライラの一《ひと》つです。

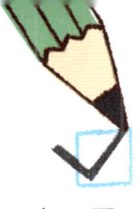

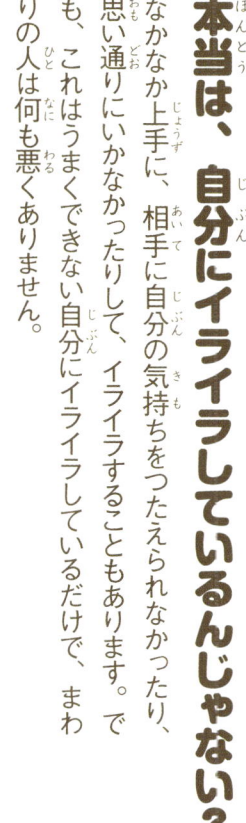

友《とも》だちに「きらい」って言《い》われた。なんで、そんなこと言《い》うの？

人《ひと》の口《くち》から出《で》た言葉《ことば》には、その人《ひと》の気持《きも》ちがのっかっています。でも、その気持《きも》ちの大《おお》きさやしゅるいは、時《とき》と場合《ばあい》によって大《おお》きくかわるものです。だから、同《おな》じ「きらい」でも、のっかっている気持《きも》ちによって、その意味《いみ》はかわってきます。

きらいじゃないけど「きらい」

本当《ほんとう》の気持《きも》ちをつたえるのがはずかしくて、思《おも》ったことと反対《はんたい》のことを言《い》ってしまう。こういう「きらい」もあります。

思《おも》わず出《で》た「きらい」

イライラして、つい「きらい」と言《い》ってしまうこともあります。でも、この「きらい」には大《おお》きな気持《きも》ちはのっていないので、長《なが》くはつづきません。あまり気《き》にしないようにしましょう。

本当《ほんとう》に「きらい!」

その子《こ》が大切《たいせつ》にしているものをわざとこわすなど、相手《あいて》を深《ふか》くきずつけてしまうと、「もう、会《あ》いたくもない」という、ものすごく大《おお》きな気持《きも》ちがのった「きらい!」になってしまいます。

もうどうでもいい…「きらい」

この「きらい」には、もう気持《きも》ちはのっかっていません。つまり、この女《おんな》の子《こ》はこの男《おとこ》の子《こ》に対《たい》して、もう、どんな気持《きも》ちもないということです。

「美《うつく》しい」って、どういうこと?

きれいな景色《けしき》を見《み》たときや、すばらしい音楽《おんがく》を聞《き》いたとき……。自分《じぶん》にとって、よいことが起《お》きたわけではないのに、なぜか心《こころ》がそわそわとふるえたり、ときには、大《おお》きくはねあがるように動《うご》くことがあります。

その心《こころ》の動《うご》きが、自分《じぶん》にとって心地《ここち》よいものだったとき、人《ひと》はそれを「美《うつく》しい」という言葉《ことば》でひょうげんします。

ひろとくんへ
今日はありがとう
ずっと友だちだよ!
たかひろ
Harry P

つまり、「美《うつく》しい」とは、きれいな物《もの》、すばらしい物《もの》を表《あらわ》す言葉《ことば》ではなく、それらを見《み》たときに感《かん》じた、自分《じぶん》の心《こころ》の動《うご》きを表《あらわ》す言葉《ことば》なのです。

やってみよう

自分《じぶん》の「美《うつく》しい」を集《あつ》めて、たから箱《ばこ》を作《つく》ろう！

ほかの人《ひと》がどう思《おも》おうが、自分《じぶん》が「美《うつく》しい」と感《かん》じれば、たとえそれが石《いし》ころでも大切《たいせつ》なたからものです。そこで、箱《はこ》を一《ひと》つ用意《ようい》して、自分《じぶん》だけの「美《うつく》しい」を集《あつ》めた「たから箱《ばこ》」を作《つく》ってみましょう。そして、その箱《はこ》をゆっくりながめてみましょう。何《なん》だか、自分《じぶん》の心《こころ》も美《うつく》しくなったように感《かん》じませんか？　このような気《き》持《も》ちをたくさん味《あじ》わうことで、美《うつく》しさを感《かん》じる心《こころ》はせいちょうしていくのです。

「やれ」って言《い》われると、やりたくなくなる。なんでだろ？

「宿題《しゅくだい》をしなさい」「部屋《へや》をかたづけなさい」「早《はや》くおふろに入《はい》りなさい」こんなことを言《い》われると、なぜか、やりたくなくなる……。どうして、こんな気持《きも》ちになるのでしょう？　ここにいる3人《にん》のきょうだいの頭《あたま》の中《なか》を、ちょっとのぞいてみましょう。

このように、同《おな》じ「やりたくない」でも、その気持《きも》ちが生《う》まれるまでのしくみは、人《ひと》によってさまざまです。みんなも「やりたくない」という気持《きも》ちに気《き》づいたら、自分《じぶん》の頭《あたま》の中《なか》をのぞいてみましょう。

宿題《しゅくだい》とか、お手《て》つだいとか、めんどうくさいことって多《おお》いよね？

そのとおり。人生《じんせい》は、めんどうくさいことばかり。そして、めんどうくさいけど、やらなければいけないことばかりです。

でも、どうして、めんどうくさいことを、わざわざやらなければいけないのでしょう？

それは、めんどうくさいことをやらなければ、やりたいこともできなくなってしまうからです。

「めんどうくさい」がみらいをこわす

「めんどうくさいから」という理由《りゆう》で、いやなことをやらないでいると、自分《じぶん》でも気《き》づかないうちに、自分《じぶん》がたどりつけるにずだったみらいを、こわしてしまうことになります。だから、「めんどうくさい」があらわれたら、できるだけ早《はや》くやっつけましょう。

さいだいのてき、「メンドウクサイ」はこうやってたおす！

では、どうすれば「めんどうくさい」に勝《か》てるのでしょう。ほうほうはたくさんありますが、ここでは「めんどうくさい」とたたかうために生《う》まれた6人《にん》のヒーロー（？）ウチカツンジャーをしょうかいするので、さんこうにしてみてください。

ギャクニイインジャー

めんどうくさいことでも、「ぎゃくに、これができれば、自分《じぶん》はもっとせいちょうする」と考《かんが》えて、ちょうせんしてみるというのも、一《ひと》つのほうほうです。

ヤルンジャー

めんどうくさくても、「とにかくやるしかない」と、かんたんに考《かんが》えてしまう。いがいと、めんどうくさい気《き》持《も》ちは、このいきおいに弱《よわ》いのです。

モウナレタンジャー

何度《なんど》も同《おな》じことをしていると、だんだんなれてきて、あまり「めんどうくさい」と思《おも》わなくなることもあります。

イメージタモツンジャー

めんどうくさいことをしっかりやれば、人《ひと》からほめられたり、「ステキ!」と思《おも》われたりするかも…。そう考《かんが》えて、やる気《き》を出《だ》すほうほうもあります。

ニゲルンジャー

どうしても「めんどうくさい」気《き》持《も》ちが強《つよ》いのならば、にげてしまうというほうほうもあります。でも、あとでこまったことが起《お》きても、知《し》りません。

ミンナコマルンジャー

めんどうくさいことをやらないと、人《ひと》にめいわくをかける。そう考《かんが》えることで、めんどうくさい気《き》持《も》ちをやっつけます。

「がんばれ」って言《い》われるけど、何《なに》をがんばったらいいの？

じつは、「がんばる」には、かんたんな「がんばる」と、むずかしい「がんばる」があります。

「バスケの大会《たいかい》でゆうしょうする」「おいしゃさんになる」など、もくひょうがはっきりしている「がんばる」なら、先生《せんせい》やおうちの人《ひと》に聞《き》いたり、本《ほん》で調《しら》べたりすれば、何《なに》をがんばればいいのかわかります。

むずかしいのは、人《ひと》からとつぜん「がんばりなさい」と言《い》われたり、自分《じぶん》で「りっぱなおとなになるために、がんばるぞ」と思《おも》ったりしたとき。何《なに》をがんばればいいのか、さっぱりわかりませんよね。そんなときは、とにかく、いろいろなことをがんばってみましょう。

がんばっているぼくの心《こころ》

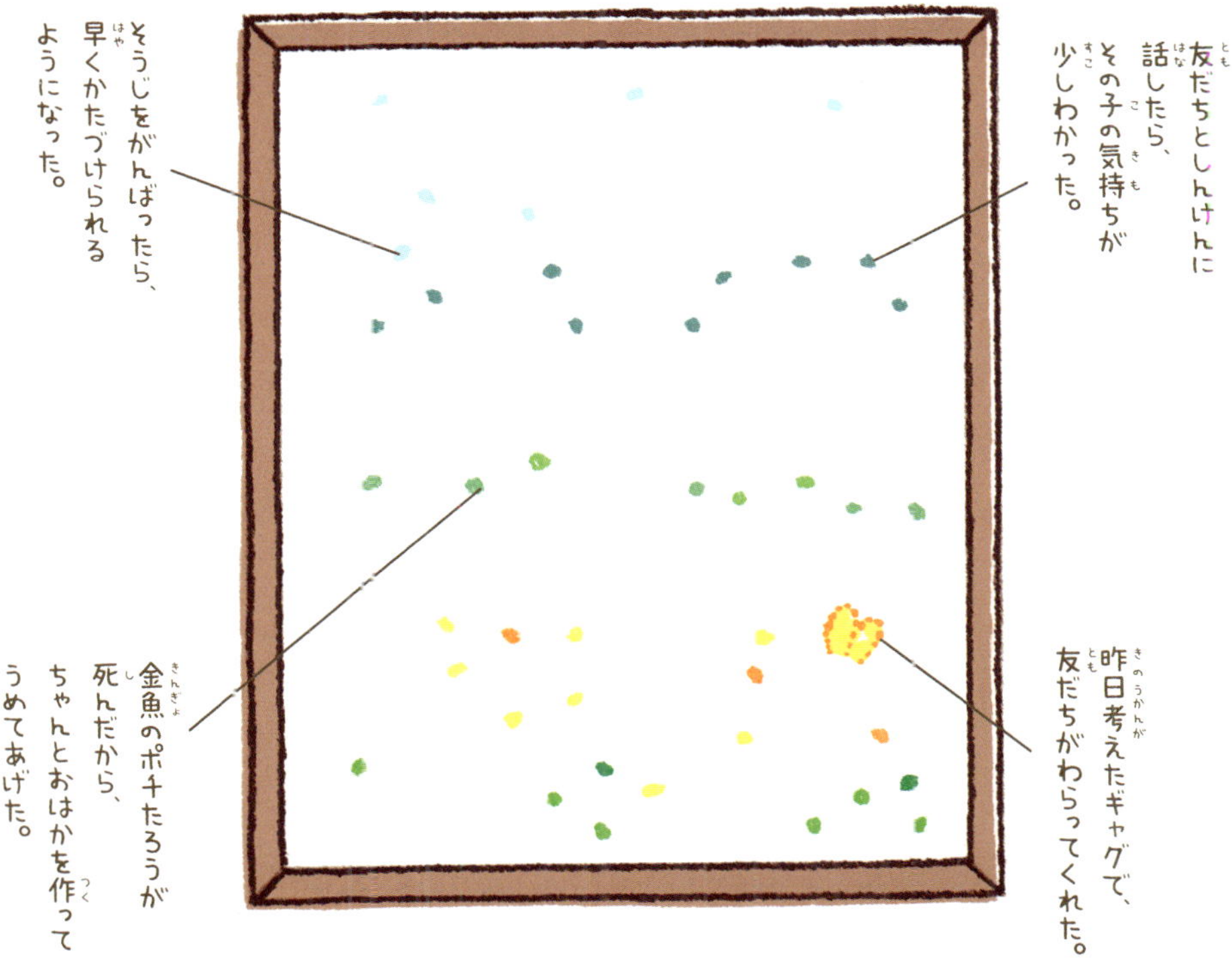

友《とも》だちとしんけんに話《はな》したら、その子《こ》の気持《きも》ちが少《すこ》しわかった。
そうじをがんばったら、早《はや》くかたづけられるようになった。
昨日《きのう》考《かんが》えたギャグで、友《とも》だちがわらってくれた。
金魚《きんぎょ》のポチたろうが死《し》んだから、ちゃんとおはかを作《つく》ってうめてあげた。

順路《じゅんろ》
ゴシゴシ
なるほど…

何《なん》でもしんけんに考《かんが》えたり、いろいろなことにちょうせんしたりすることで、一《ひと》つのけいけんが一《ひと》つの点《てん》になるように、心《こころ》はさまざまなことをおぼえていきます。そして、このけいけんをたくさん積《つ》み重《かさ》ねていくと…？

・おとなになったぼくの心《こころ》・

何年《なんねん》もかけて、いろいろなことをがんばっていくと、一《ひと》つひとつの点《てん》が線《せん》になり、自分《じぶん》の心《こころ》の形《かたち》が、絵《え》のようにはっきりとしていきます。そういった人《ひと》ほど、まわりの人《ひと》から、しんらいされます。

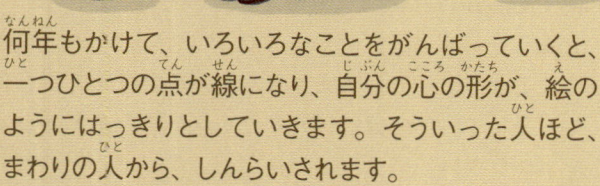

はっきりとしたゴールが見《み》えず、何《なに》をがんばっていいのかわからないときは、「わからないから、がんばらない」ではなく、「わからないけど、とりあえずがんばってみる」という気持《きも》ちで、いろいろなことにしんけんに取《と》り組《く》むようにしましょう。

いろいろなことを
がんばらなかった男《おとこ》の心《こころ》
君《きみ》には、この仕事《しごと》はまかせられないな
あなたにそうだんしてもなあ…
あ…

あまりがんばらないと、このように心《こころ》の形《かたち》ができていないおとなになってしまいます。こういう人《ひと》は、「今《いま》まで、あまりしんけんに生《い》きてこなかったんだな」と、まわりに思《おも》われてしまうのです。

みんなの前《まえ》でもきんちょうしないで話《はな》すには、どうすればいい？

本当《ほんとう》はいろいろと話《はな》したいことがあるのに、きんちょうするとうまく話《はな》せなくなる。これって、なんだかもったいないですよね。

でもじつは、テレビの中《なか》で、おもしろいことを話《はな》す人《ひと》も、きんちょうしているのです。

では、どうしたら、きんちょうしていても、しっかり話《はな》せるようになるのでしょう？それにはいろいろなほうほうがあるので、見《み》てみましょう。

ちびでか
おいらは、きんちょうのようせい「ガチガチン」。これから、あのわかいまんざいしのようすを見《み》ながらきんちょうについてせつめいしていくぜ！

お…
おれいつも…
ガチ
ガチ
今日《きょう》、はじめてぶたいに立《た》ちました。
きんちょうで、
何《なに》もかもしっぱいしました。
だれでも、はじめてのときは
ガチガチにきんちょうするものだ。
だから、もしきんちょうして
うまく話《はな》せなかったとしても
気《き》にすることないぞ！
あははははは
おれいつも
なんて言ってる!?
でも、何回《なんかい》もぶたいに出《で》ると、
なれてきて、だんだんとちゃんと
話《はな》せるようになってきました。
きんちょうしても、
なれるまで、やりつづけることが
大事《だいじ》なんだな

きんちょうして
うまく話《はな》せないときでも
話《はな》すことが決《き》まっているなら
前《まえ》もって何度《なんど》も練習《れんしゅう》することで、
きんちょうをやっつけることができるぞ。
「やるべきことはやった」
と思《おも》えるまで練習《れんしゅう》できたら
バッチリだ!

はじめてテレビのロケの仕事《しごと》をもらいました。
ものすごくきんちょうして、
はじめてぶたいに立《た》ったときを思《おも》い出《だ》しました。
でも、たくさん練習《れんしゅう》したので、
何《なん》とかふつうに話《はな》すことができました。

はじめてテレビ局《きょく》に行《い》きました。
やっぱりきんちょうしたけど、
まわりの人《ひと》が助《たす》けてくれたので、
何《なん》とか話《はな》すことができました。

まわりになかまが
多《おお》いほど安心《あんしん》できるから
上手《じょうず》に話《はな》すことが
できるようになるんだ

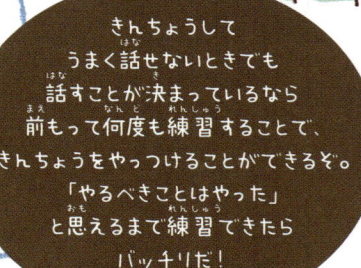

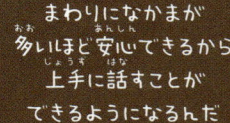

「自分《じぶん》がやらなければいけない」
このような気持《きも》ちを「せきにんかん」という。
これが、きんちょうよりも大《おお》きくなると
きんちょうをふっきれるんだ！

はじめてテレビ番組《ばんぐみ》のしかいをまかされました。
きんちょうしましたが、
自分《じぶん》がやらなければ、みんながこまる、
と思《おも》うと
しっかり話《はな》すことができました。

まんざいの大《おお》きな大会《たいかい》に出《で》ました。
きんちょうしましたが
「けっきょく、自分《じぶん》にできるのはまんざいだけ」と考《かんが》えたら、話《はな》すことができました。

自分《じぶん》のできることを
やるしかない。
そう思《おも》って「開《ひら》き直《なお》る」ことで
きんちょうが小《ちい》さく
なることもあるぞ

ゆうきって、何《なに》？

立《た》ち向《む》かうことです。

心《こころ》の絵日記《えにっき》を書《か》こう！

明《あか》るくなったり、暗《くら》くなったり、あったかくなったり、つめたくなったり…。心《こころ》のようすはどんどんかわり、ときには、言葉《ことば》では表《あらわ》せないような、ふくざつな気持《きも》ちになることもあります。そんなときは、心《こころ》のようすを、人《ひと》や物《もの》、風景《ふうけい》などにたとえて、ひょうげんしてみましょう。

そして、心《こころ》のようすをえがいた絵《え》に、そのときのじょうきょうをせつめいする文章《ぶんしょう》をそえて、絵日記《えにっき》にまとめてみましょう。

用意《ようい》する物《もの》

・ノート（絵日記帳《えにっきちょう》）　・えんぴつ
・色《いろ》えんぴつ、クレヨンなど、絵《え》に色《いろ》をつけるもの

1 今日一日《きょういちにち》をふり返《かえ》る

夜《よる》、ねる前《まえ》に、今日一日《きょういちにち》のできごとをふり返《かえ》り、いちばん強《つよ》く心《こころ》にのこっている場面《ばめん》を思《おも》い出《だ》します。

今日《きょう》は、お父《とう》さんとのんびりつりをしたなぁ…

2 そのときの心《こころ》をべつのものにたとえてみる

自分《じぶん》がそのとき感《かん》じた心《こころ》を、人《ひと》や物《もの》、風景《ふうけい》など、いろいろなものにたとえてみましょう。そして、いくつかうかんだものの中《なか》から、ピッタリだと思《おも》うものを一《ひと》つ、えらびましょう。

3 絵《え》日《にっ》記《き》を書《か》く

その心《こころ》が生《う》まれるきっかけになったできごとと、その心《こころ》がどのようなものだったか、それをどんなものにたとえるのかを文《ぶん》章《しょう》で書《か》き、その上《うえ》に、心《こころ》のようすを表《あらわ》した絵《え》をかきましょう。

○月×日
今日は、お父さんと
つりに行きました。
ぼくは、ただしずかに
糸についた「ウキ」を
見ながら、待ってい
ました。そのときの
ぼくの心は、先月に
行った、しずかな
海のようでした。

4 長《なが》くつづけよう

この絵《え》日《にっ》記《き》を毎《まい》日《にち》つづけるのは、たいへんかもしれません。でも、がんばってつづければ、おとなになったとき、かならず、とても大事《だいじ》なたからものになります。絵《え》が苦《にが》手《て》な人《ひと》は、文《ぶん》章《しょう》だけでもかまわないので、ぜひ、できるだけ長《なが》くつづけてみてください。

人間《にんげん》のふしぎ

人間《にんげん》って、何《なに》？

「2本《ほん》の足《あし》で立《た》って歩《ある》く」「脳《のう》がはったつしていて大《おお》きい」など、人間《にんげん》は、ほかの動物《どうぶつ》とはちがう体《からだ》のとくちょうをたくさんもっています。

では、心《こころ》はどうでしょう？　人間《にんげん》は、ほかの動物《どうぶつ》にくらべて、とてもふくざつな心《こころ》をもっています。

人間《にんげん》は、なやみます。
人間《にんげん》は、考《かんが》えます。
人間《にんげん》は、くらべます。
人間《にんげん》は、ウソをつきます。

へんなやつら…。
こいつらのこと
ちょっと調《しら》べてみよう
もっふりーくん

このような、ふくざつな心《こころ》は、人《ひと》と人《ひと》とのつながりから生《う》まれることばかりです。そう、人間《にんげん》は、ほかの動物《どうぶつ》とくらべると、とても大《おお》きなつながりの中《なか》で生《い》き、その中《なか》でたくさんの気持《きも》ちをもつ生《い》き物《もの》なのです。

そこで、ここでは、人間《にんげん》がまわりの人《ひと》とのつながりの中《なか》で感《かん》じる、さまざまな心《こころ》と、そのふしぎについて、しょうかいしていきます。

人間《にんげん》は、まちがえます。
人間《にんげん》は、しんじます。
人間《にんげん》は、わらいます。
人間《にんげん》は、助《たす》けます。
人間《にんげん》は、悪《わる》いことを言《い》います。
人間《にんげん》は、勝負《しょうぶ》をします。

どうして、男《おとこ》の子《こ》がスカートをはいちゃダメなの？

ダメではありません。べつに、男《おとこ》の子《こ》がスカートをはいてもいいのです。では、じっさいに男《おとこ》の子《こ》がスカートをはいてみたらどうなるか、下《した》の絵《え》を見《み》てみましょう。

あの子《こ》はどうして「へん」と言《い》われているんだろう？

なんか
女《おんな》みてえで
へんだよ
あははは
うーん
ダメとかじゃないけど
ちょっとへんかも

みんな「へん」という言葉《ことば》を使《つか》っていますね。女《おんな》の人《ひと》がスカートをはいているすがたは見《み》なれているけれど、スカートをはいている男《おとこ》の人《ひと》は、テレビなどで、わざと女《おんな》の人《ひと》のかっこうをする男《おとこ》の人《ひと》をたまに見《み》るくらいで、ふだんは、あまり見《み》ません。

だから、男《おとこ》の子《こ》がスカートをはくと、ダメではないけれど見《み》なれないせいで、「へん」と思《おも》われてしまうのです。

でも、もし、クラスの人《ひと》たちのかっこうが、次《つぎ》のページみたいだったらどうでしょう？

かみがたとスカートが
合《あ》わないんじゃない？
なんかへんね
へん！

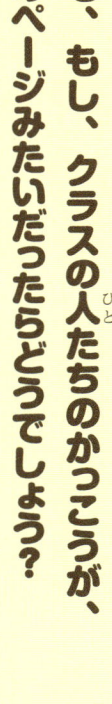

イェイ! イェイ! かそうパーティー

前《まえ》のページとちがって、全員《ぜんいん》、見《み》なれないへんなかっこうをしているせいか、スカートをはいている男《おとこ》の子《こ》がいても、あまりへんに見《み》えないですよね。

「へんに見《み》える」というのは、見《み》る人《ひと》の中《なか》に「ふつう」があるからです。

男《おとこ》の人《ひと》がスカートをはいても、ダメじゃない。でも、多《おお》くの人《ひと》が「スカートはふつう、女《おんな》の人《ひと》がはくもの」と思《おも》っているため、男《おとこ》の人《ひと》がスカートをはくと「ふつうじゃない」「へんだ」と思《おも》ってしまうのです。

もし、昔《むかし》から、男《おとこ》の人《ひと》もスカートをはくのが「ふつう」だったら、今《いま》、男《おとこ》の子《こ》がスカートをはいても、だれもへんに思《おも》わないでしょう。

「ふつう」って、何《なに》？

「なんか、今日《きょう》はふつうに暑《あつ》いね」

こう言《い》われても、なんとも思《おも》いません。でも、「ふつうは、これくらいできるよね？」

こう言《い》われると、少《すこ》しだけいやな気持《きも》ちになると思《おも》います。

何《なに》食《た》べる？
ごはん
カレーライス
みそしる
サケ
うどん
のり
ケーキ
ふつう
このへんまでは
ふつうかな…
うちでは
これがふつう
だけど

なぜ、同《おな》じ「ふつう」という言葉《ことば》なのに、気持《きも》ちがかわるのでしょう？

それは、「ふつう」が、人《ひと》や場所《ばしょ》によって、意味《いみ》がかわる言葉《ことば》だからです。「ふつう」の正体《しょうたい》を知《し》るために、まずは「ふつう」が、ふつうどのように使《つか》われているのかを見《み》てみましょう。

モグ
モグ

朝《あさ》ごはん
ふつう
トムヤムクン
コーンフレーク
パン
とんカツ
バナナ
目玉《めだま》やき
なっとう
なっとうって
ふつう朝《あさ》
食べるよね

このように、「ふつう」という言葉《ことば》は、おもに「当《あ》たり前《まえ》」なことを指《さ》す言葉《ことば》として使《つか》われます。でも、人《ひと》や場所《ばしょ》がかわれば「当たり前」もかわるため、「ふつう」もかわります。

では、次《つぎ》に、ふつうじゃない世界《せかい》の「ふつう」についても、見《み》ていきましょう。

その「ふつう」、本当《ほんとう》にふつう？

ここは、いろいろな仕事《しごと》の「ふつう」をたいけんできる場所《ばしょ》フッザニア。その道《みち》のプロがたくさんいて、みんなはそのなかまになることができます。でも、ここにいるプロたちは、みんなを子《こ》どもではなく、「同《おな》じ仕事《しごと》をするなかま」と考《かんが》えているようです…。

自分《じぶん》がいるかんきょうによって、「ふつう」は大《おお》きくかわります。
でも、そのことに気《き》づかずに、ほかの人《ひと》に自分《じぶん》の「ふつう」をおしつけると、言《い》われたほうはいやな気持《きも》ちになってしまいます。もし、自分《じぶん》が「当《あ》たり前《まえ》」と思《おも》っていることができない友《とも》だちがいても、「ふつうはできるのに」などと思《おも》わず、「どうしてできないのかな?」と考《かんが》え、助《たす》けてあげましょう。

苦手《にがて》な子《こ》とも、なかよくしなきゃいけないの?

そんなことはありません。心《こころ》は人《ひと》それぞれちがうので、どうしても合《あ》わない人《ひと》だっています。

でも、人《ひと》のことを知《し》るというのは、かんたんなことではありません。もしかしたら、勝手《かって》な思《おも》いこみやかんちがいで、その人《ひと》のことをきらいになっているだけかもしれません。「何度《なんど》かいっしょに遊《あそ》んでみたら、とてもすきになった!」ということは、よくあります。

だから、遊《あそ》んだり、話《はな》したりする前《まえ》から、「なんか、合《あ》わないなあ」「苦手《にがて》だなあ」と思《おも》ったり、ちょっとしたことで「やっぱり、きらい」なんて思《おも》わずに、一度《いちど》はなかよくなろうとしてみましょう。

あなたのめがね、くもってない？

「苦手《にがて》だなあ」と思《おも》う子《こ》とは、なかよくなろうなんて思《おも》わないですよね。でも、もしかしたらそれは、あなたの人《ひと》を見《み》る目《め》がくもっているだけかもしれません…。

このように、いやだと感《かん》じていたところも、見方《みかた》をかえると、ずいぶんちがって見《み》えるものです。その人《ひと》の見《み》た目《め》や、話《はな》しているないようだけでなく、その気持《きも》ちまで考《かんが》えてみましょう。すると、いやだったところも、「それほどいやじゃない」と思《おも》えるかもしれません。

人間《にんげん》のふしぎ

「ウソつきはどろぼうの始《はじ》まり」って、本当《ほんとう》？

本当《ほんとう》かもしれません。

きっかけは、小《ちい》さなウソでした。

えへへ
おれ、毎月《まいつき》おこづかい5000円《えん》もらってるんだぜ
スゲー！
ウソぉ？いいなあ！

本当《ほんとう》は、お正月《しょうがつ》にもらったお年玉《としだま》がのこっていただけなんです。

このとき、メダル集《あつ》めがはやっていて、ぼくもお年玉《としだま》でたくさん買《か》いました。そう。メダルを持《も》っていたのは、本当《ほんとう》だったんです。でも、これがよくありませんでした。

お金《かね》があればメダルを買《か》う。このときのぼくたちは、それがふつうでした。だから、ぼくはまた、ウソをついてしまいました。

またウソ…。
こうして、さいしょのウソがばれないために、新《あたら》しいウソをどんどん重《かさ》ねていきました。

友《とも》だちがうらやましがるのが、うれしくて…。ぼくは、また、ウソをついてしまいました。

こうして、一《ひと》つだけ買《か》ってもらいましたが、それは…ノーマルメダルでした。

一《ひと》つでもウソがばれたら、これまでのウソが全部《ぜんぶ》ばれる。だから、もう、ぼくはウソをつきつづけるしかなかったんです。

今日《きょう》は持《も》ってきた？
ごめ〜、またわすれた…
思《おも》ったんだけどさ、本当《ほんとう》はお前《まえ》、持《も》ってないんじゃない？

とうとう言《い》われてしまいました。今《いま》、思《おも》えば、このときあやまっておけばよかった。でもぼくは…

持《も》ってるよ！見《み》せてやるんだから、もんく言《い》うなよな
じゃあ、早《はや》く持《も》ってこいよ！

もう、ごまかせない。でも、ばれたら、友《とも》だちがいなくなる。そう思《おも》ったぼくは…

いらっしゃいませ〜

こうして、小《ちい》さなウソが、また次《つぎ》のウソをよび、すべてのウソをかくすために、ぼくはどろぼうになってしまいました。もし、さいしょのウソを正直《しょうじき》にウソと言《い》えたら…。そもそも、さいしょからウソをつかなかったら…。

ウソはダメで、どうしてじょうだんはいいの？

じょうだんも、大《おお》きく見《み》ればウソです。たとえば、「ふとんがふっとんだ」というダジャレも、じょうだんの一《ひと》つですが、これはウソです。じっさいに、ふとんがふっとんだら、たいへんですよね。

でも、聞《き》いた人《ひと》は、すぐにウソだとわかりますし、正《ただ》しいタイミングで言《い》えば、わらってくれるかもしれません。

じつは、ここにウソとじょうだんのちがいがあるのです。

じょうだんは、まわりの人《ひと》によろこんでもらうために言《い》うこと。でも、ウソは、自分《じぶん》のためだけにつくもの。「人《ひと》からよく思《おも》われたい」「しっぱいをごまかしたい」など、自分勝手《じぶんかって》な心《こころ》から出《で》るものです。

だから、人《ひと》をよろこばせるじょうだんはよくても、自分勝手《じぶんかって》なウソはダメなのです。

やっぱり「勝《か》った人《ひと》」のほうが、すごいんだよね？

「負《ま》けたい」と思《おも》ってたたかう人《ひと》はいません。そんな負《ま》けたくない人《ひと》たちの中《なか》でたたかって、勝《か》ったのだから、やっぱり勝《か》った人《ひと》はすごい人《ひと》です。

でも、一度《いちど》も負《ま》けたことがない人《ひと》なんて、まず、いません。それどころか、さいしょはだれもが、負《ま》けてばっかりです。今《いま》、

勝《か》った人《ひと》も、負《ま》けながら、だんだんと勝《か》てる自分《じぶん》を作《つく》り上《あ》げてきたのです。

勝《か》つことはすごいこと。

でも、負《ま》けたことで、次《つぎ》に勝《か》つための何《なに》かをたくさん手《て》に入《い》れて、次《つぎ》のたたかいに向《む》けてがんばれる人《ひと》も、すごい人《ひと》です。

だから、勝《か》った人《ひと》の「ほうが」すごいわけではないのです。

友《とも》だちのなやみを、何《なん》とかしてあげたい。どうすればいい？

人《ひと》のなやみをかいけつする。これは、とってもむずかしいことです。でも、友《とも》だちと話《はな》しながら、一生《いっしょう》けんめい考《かんが》えることで、かいけつできるかもしれません。

② 自分《じぶん》にできることを考《かんが》える

まずは、相手《あいて》の話《はなし》をじっくりと聞《き》いてあげること。そのあとで、相手《あいて》が「どうなりたいと思《おも》っているのか」を聞《き》き出《だ》しましょう。

③ 意見《いけん》を言《い》う

行動《こうどう》を起《お》こしても、すぐにはうまくいかないことがほとんどです。そういうときは、また話《はな》しながら、その子《こ》の考《かんが》えをせいりしてあげましょう。

人の悪口《わるくち》って、やっぱり言《い》ったらダメ？

だれだって、どうしても、人《ひと》の悪口《わるくち》を言《い》いたくなるときがあります。それでも、なるべくなら悪口《わるくち》は言《い》わないほうがいいでしょう。

なぜ言《い》わないほうがいいのか？

その答《こた》えは、悪口《わるくち》を言《い》われた人《ひと》、悪口《わるくち》を聞《き》いている人《ひと》の心《こころ》をのぞいてみると、わかります。

悪口《わるくち》を聞《き》いた子《こ》は、
心《こころ》の中《なか》でこんなふうに
思《おも》っているかもしれません。
けい子《こ》ちゃんってさ わたしのこと 親友《しんゆう》って言《い》ってたのに、 ほかの子《こ》にも親友《しんゆう》って 言《い》ったらしいの？ ひどくなーい？
もんく ゆう子《こ》
えー、しんじられなーい
もしかしたら、わたしのいないところで わたしの悪口《わるくち》も 言《い》われているかも…。
ゆう子《こ》には気《き》をつけよう

こっそり悪口《わるくち》を言《い》っても、その人《ひと》につたわってしまうことはよくあることです。たとえ、軽《かる》いじょうだんのつもりで言《い》った悪口《わるくち》でも、言《い》われたほうは、いやな気持《きも》ちになります。

悪口《わるくち》ばかり言《い》っていると、そのことがかんけいない人《ひと》たちにまでつたわり、やがて自分《じぶん》が悪口《わるくち》を言《い》われる人《ひと》になってしまいます。

このように、悪口《わるくち》は悪口《わるくち》を生《う》み、めぐりめぐって、自分《じぶん》が多《おお》くの人《ひと》にきらわれるけっかになることが多《おお》いのです。

じゃあ、遠《とお》いところにいる人《ひと》になら、言《い》ってもだいじょうぶそうだね

遠《とお》くに住《す》んでいて、あまり会《あ》わない子《こ》に話《はな》せば、クラスメイトにはきっとつたわりません。しかし、それでも人《ひと》にきらわれてしまうのです。どうしてでしょう？

下《した》の絵《え》のように、人《ひと》をバカにする気持《きも》ちやイライラした気持《きも》ち、うらみの気持《きも》ちなど、人《ひと》を悪《わる》く思《おも》う気持《きも》ちを口《くち》に出《だ》すと、その言葉《ことば》は自分《じぶん》の心《こころ》にもどってきて、心《こころ》を黒《くろ》く、べったりとよごします。

クラスに「バカ」なやつがいてさ～
あいつはダメだな
あいつのせいで、ぼくがしかられた…

そして、心《こころ》が真《ま》っ黒《くろ》になると、世《よ》の中《なか》のすべてが悪《わる》く見《み》え、いやなことばかり考《かんが》えるようになってしまいます。

いやなことばかり考《かんが》えて生《い》きるなんて、ぜんぜん楽《たの》しくありませんよね？　また、こんな人《ひと》と友《とも》だちになりたいと思《おも》いませんよね？

だから、悪口《わるくち》は、だれかに聞《き》かれなくても、言わないほうがいいのです。

テレビでは、人《ひと》の悪口《わるくち》を言《い》う人《ひと》がいっぱいいるけど？

げいのう人《じん》たちがおしゃべりをする番組《ばんぐみ》を見《み》ると、悪口《わるくち》をたくさん言《い》っていますよね。これも、言《い》ってはいけない悪口《わるくち》なのでしょうか？

いいえ、じつは、この人《ひと》たちの悪口《わるくち》は、ふつうの人《ひと》が言《い》う悪口《わるくち》とは、ぜんぜんちがうしゅるいの悪口《わるくち》なのです。どこがちがうのか、見《み》てみましょう。

お前《まえ》は本当《ほんとう》にバカだな！
ちがうもん！

① 悪口《わるくち》を言《い》われた人《ひと》はよろこんでいることが多《おお》い

テレビの世界《せかい》では、悪口《わるくち》を言《い》われることで、人気《にんき》が出《で》ることがあります。そのため、悪口《わるくち》を言《い》われた人《ひと》は、心《こころ》の中《なか》でかんしゃしていることが多《おお》いのです。

おつかれ〜
おつかれしたー
○○テレビ

このように、テレビで悪口《わるくち》を言《い》う人《ひと》は、番組《ばんぐみ》の台本《だいほん》に合《あ》わせて、言《い》われた人《ひと》もとくをするように考《かんが》えつつ、さらに、まわりの人《ひと》やテレビを見《み》ている人《ひと》も楽《たの》しめるようにしながら、悪口《わるくち》を言《い》っているのです。これは、とてもむずかしいことで、かぎられた人《ひと》にしかできない、とくべつな「わざ」なのです。

② 台本《だいほん》に書《か》いてあるから言《い》っているときもある

テレビ番組《ばんぐみ》には「台本《だいほん》」というものがあり、ここには、どんなセリフを話《はな》すかが書《か》かれています。そのため、台本《だいほん》に書《か》かれた悪口《わるくち》を、ただ言《い》っているだけという場合《ばあい》もあります。

こうかいしていることがあるんだけど、もう、やり直《なお》せないよね？

やり直《なお》せません。

ぜったいに、やり直《なお》せません。

たとえば、友《とも》だちに、ひどいことを言《い》って、きずつけてしまったとき。やり直《なお》すことはできません。でも、すなおにあやまることはできます。

たとえば、習《なら》い事《ごと》の発表会《はっぴょうかい》でしっぱいして、「もっと練習《れんしゅう》しておけばよかった」と、思《おも》ったとき。

やり直《なお》すことはできません。でも、次《つぎ》の発表会《はっぴょうかい》に向《む》けて、がんばることはできます。

たとえば、運動会《うんどうかい》などで自分《じぶん》がしっぱいしたことで、クラスが負《ま》けてしまったとき。

やり直《なお》すことはできません。でも、来年《らいねん》はこんなしっぱいをしないように、みんなの前《まえ》でちかうことはできます。

そう。こうかいしても、やり直《なお》すことはぜったいにできません。でも、そこで、すべてが終《お》わるわけではありません。

こうかいした悲《かな》しみを心《こころ》のおくにしまって、「次《つぎ》は同《おな》じことをしない」と強《つよ》く思《おも》うようにしましょう。こうかいは、昔《むかし》の自分《じぶん》をふり返《かえ》ること。

でも、こう思《おも》うことができれば、こうかいして昔《むかし》の自分《じぶん》をふり返《かえ》っても、すぐにまた前《まえ》を見《み》ることができます。

人《ひと》をしんじるには、どうすればいい？

ぎゃくに、どうして自分《じぶん》は人《ひと》をしんじることができないのか、考《かんが》えてみましょう。きっと、それは「しんじたい」という気持《きも》ちのうらに、「でも、うらぎられるかもしれない」「すぐに、きらわれるかもしれない」といった「うたがい虫《むし》」が住《す》んでいるからだと思《おも》います。一度《いちど》、うたがい虫《むし》にしんじる気持《きも》ちを食《た》べられてしまうと、なかなか人《ひと》をしんじることができません。

そういう人《ひと》は、ある一《ひと》つの心《こころ》をもつひつようがあります。それは、「自分《じぶん》をしんじる心《こころ》」です。なぜ、自分《じぶん》をしんじられると、人《ひと》をしんじられるようになるのでしょうか。

人《ひと》をうたがう気持《きも》ちが生《う》まれると、自分《じぶん》の本当《ほんとう》の気持《きも》ちが「うたがい虫《むし》」に食《た》べられて、どんどん弱《よわ》くなっていってしまいます。

自分《じぶん》をしんじる心《こころ》があると、「自分《じぶん》がなかよくなりたいと思《おも》う人《ひと》なんだから、きっとだいじょうぶ」と思《おも》えます。すると、「うたがい虫《むし》」はもう近《ちか》づけないので、人《ひと》をしんじられるようになるのです。

では、
どうすれば
「じしんドリンク」が
手《て》に入《はい》るのでしょう?

「じしんドリンク」がなくても、だいじょうぶ！

前《まえ》のページにあった「じしんドリンク」は、ざんねんながら、どこにも売《う》っていません。「じしん」を身《み》につけるには、長《なが》い時間《じかん》をかけ、さまざまなけいけんをつんでいくしかないのです。では、じしんが身《み》につくまでの間《あいだ》は、「うたがい虫《むし》」とどのようにたたかえばよいのでしょう。そのほうほうをしょうかいします。

「人《ひと》は、だれでも、よいところと悪《わる》いところがある」をわすれない

なかよくなればなるほど、その人《ひと》の悪《わる》いところが見《み》えてくるものです。でも、自分《じぶん》にもよいところと悪《わる》いところがあるように、友《とも》だちにもよいところと悪《わる》いところがあって当《あ》たり前《まえ》。まずは、そのことをわすれないようにしましょう。

まなちゃん、いっしょに帰《かえ》ろ？
いいよー

まなちゃんは、とってもやさしい
だいじょうぶ？
ありがとう！

でも、いつもはっきりしない
そっかぁ〜
うーん…
そうだなぁ〜
えーっと……

悪《わる》いところもふくめて「すき」と思《おも》う

だれにでも、悪《わる》いところはあります。だから、悪《わる》いところを見《み》つけるたびにきらいになっていたら、だれもすきになれません。その人《ひと》のよいところも悪《わる》いところも、全部《ぜんぶ》を「すき」と思《おも》える。それが、本当《ほんとう》に「人《ひと》をすきになる」ということです。

「はっきりして！」って、たまにイライラしちゃうけど…
イラ…
イラ…

ニコー
それでも…
やっぱりすき

その「すき」が、人《ひと》をしんじる力《ちから》となる

悪《わる》いところまで「すき」と思《おも》っていると、たとえその人《ひと》がいやなことをしても、それは「その人《ひと》の悪《わる》いところから出《で》てしまっただけ」とわかります。そうすると「うらぎられた！」という気持《きも》ちにならず、その人《ひと》をしんじつづけることができます。

まなちゃん、いっしょに帰《かえ》ろ？
えーっと…

まあ、まなちゃんなら「いや」って言《い》えないよね…

ここまでくれば、もう「うたがい虫《むし》」なんてこわくない！あなたは、りっぱに「人《ひと》をしんじられる人《ひと》」です！

キャラクター・カードを作《つく》ろう！

自分《じぶん》のまわりにいる人《ひと》のせいかくやとくちょうを「こんな人《ひと》です」とだれかに言《こと》葉《ば》でせつめいするのは、なかなかむずかしいものです。そこで、その人《ひと》を、べつのわかりやすいものにたとえて、キャラクターにしてみましょう。

たくさんできたらカードを作《つく》り、まわりの人《ひと》にクイズを出《だ》してみましょう！

用意《ようい》する物《もの》

・ノート　・画用紙《がようし》
・はさみ　・ペン

1 自分《じぶん》がよく知《し》っている人《ひと》のとくちょうを書《か》き出《だ》す

家族《かぞく》や、なかのよい友《とも》だちなど、よく知《し》っている人《ひと》のせいかくやとくちょうをノートに書《か》いていきましょう。このとき、あまり悪《わる》いことは書《か》かず、なるべく、いいことだけを書《か》くと、楽《たの》しくなります。

木村ゆうな ちゃん
せいかく
やさしい、あたたかい
マイペース
とくちょう
すぐに ねむくなる

2 とくちょうに合《あ》う物《もの》をさがす

書《か》き出《だ》したせいかくやとくちょうを見《み》ながらイメージをふくらませ、それをうまく表《あらわ》す物《もの》がないか、さがしてみましょう。ピッタリくる物《もの》が思《おも》いうかんだら、メモしておきます。

3 思《おも》いうかんだ物《もの》を使《つか》ってキャラクターを作《つく》る

いちばんピッタリだと思《おも》う物《もの》をえらんで、キャラクターを作《つく》りましょう。どんな物《もの》でも、顔《かお》、手《て》、足《あし》などをつければ、人間《にんげん》っぽくなります。そこに、その人《ひと》がよく持《も》っている物《もの》や、すきな物《もの》をくわえたり、口《くち》ぐせをしゃべらせたりすれば、かんせいです！

4 カードを作《つく》る

画用紙《がようし》をカードの大《おお》きさに切《き》り、表《おもて》にキャラクターの絵《え》と名前《なまえ》、とくちょう、うらにモデルになった人《ひと》の名前《なまえ》と理由《りゆう》などを書《か》いて、カードを作《つく》りましょう。

うら
モデルになった人
木村ゆうなちゃん
理由
ゆうなちゃんは、やさしくて、あたたかい人だけど、いっしょに遊んでいると、すぐに「ねむい」と言うので、ふわふわして、あたたかいふとんのキャラクターにしました。
表《おもて》
フートン
とくちょう
やさしい・あたたかい・よくねる

5 カードをふやしクイズを出《だ》そう！

ほかにも、いろいろな人《ひと》のキャラクターを考《かんが》えて、カードをふやしていきましょう。

カードがたくさんできたら、家族《かぞく》や友《とも》だちに表面《おもてめん》だけを見《み》せ、キャラクターのモデルになった人《ひと》を当《あ》ててもらいましょう。

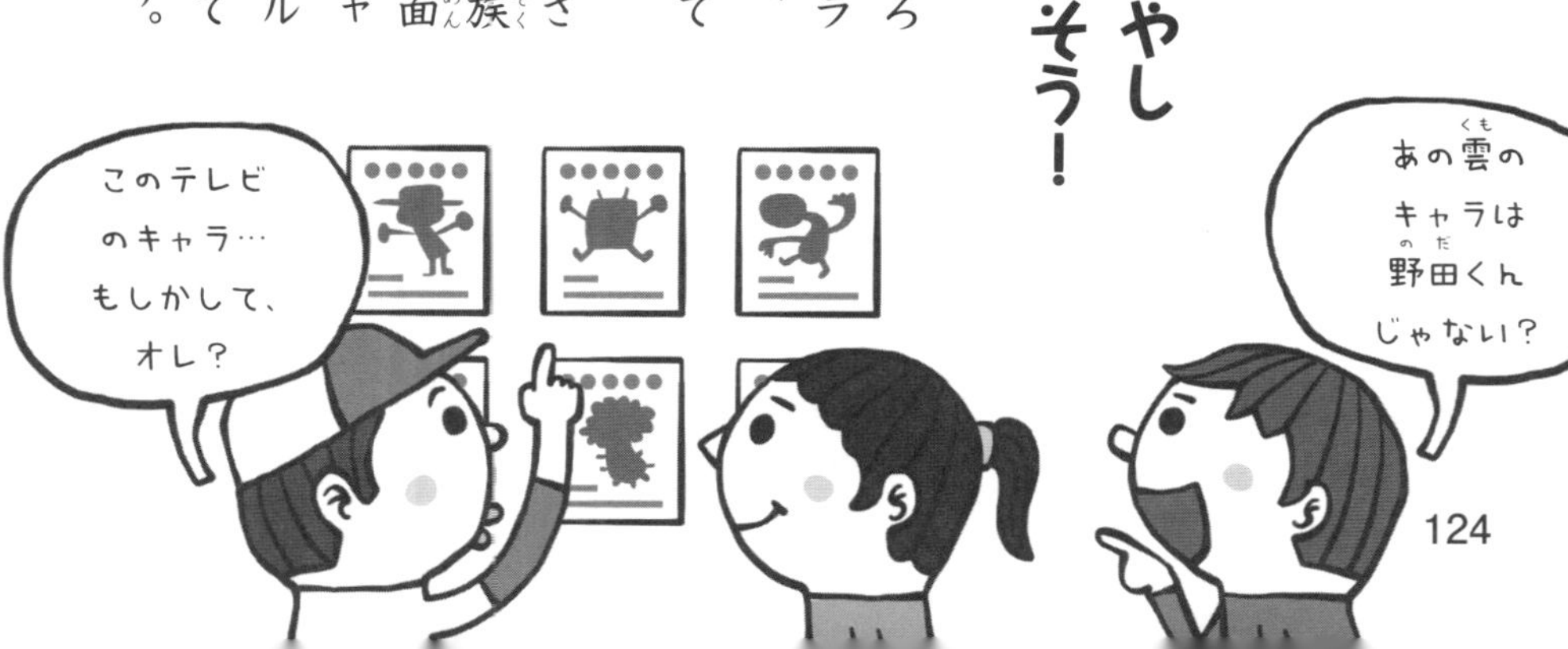
このテレビのキャラ…もしかして、オレ？
あの雲《くも》のキャラは野田《のだ》くんじゃない？

いのちのふしぎ

いのちのふしぎ

自分《じぶん》は、何《なん》のために生《う》まれてきたの？

地球《ちきゅう》には、これまで数《かぞ》えきれないほどたくさんの人《ひと》が生《う》まれ、多《おお》くの人《ひと》が一度《いちど》は「自分《じぶん》は、何《なん》のために生《う》まれてきたのだろう？」と考《かんが》えてきました。

しかし、このしつもんに答《こた》えを出《だ》せた人《ひと》は、ほとんどいません。そして、答《こた》えが出《だ》せたとしても、それが本当《ほんとう》に正《ただ》しいのかどうか、だれもたしかめることはできません。だから、このしつもんに、今《いま》ここで正《ただ》しい答《こた》えを出《だ》すことはできません。

でも、一《ひと》つだけできることがあります。それは、何《なん》のために生《う》まれてきたのか、「自分《じぶん》で答《こた》えを決《き》めてしまう」ことです。すると？

「何《なん》のために生《う》まれた?」はべんりなおまじない

自分《じぶん》が「がんばっていること」に対《たい》して、「このために生《う》まれてきた」と、とりあえず考《かんが》えてみましょう。何《なん》だか、やる気《き》がわいてきて、つらくてもがんばれそうな気《き》がしてきませんか? 人《ひと》の心《こころ》は、少《すこ》し考《かんが》え方《かた》をかえるだけで大《おお》きくかわります。だから、いくら考《かんが》えても答《こた》えが出《で》ないときは、こんなふうに、べんりに使《つか》いましょう!

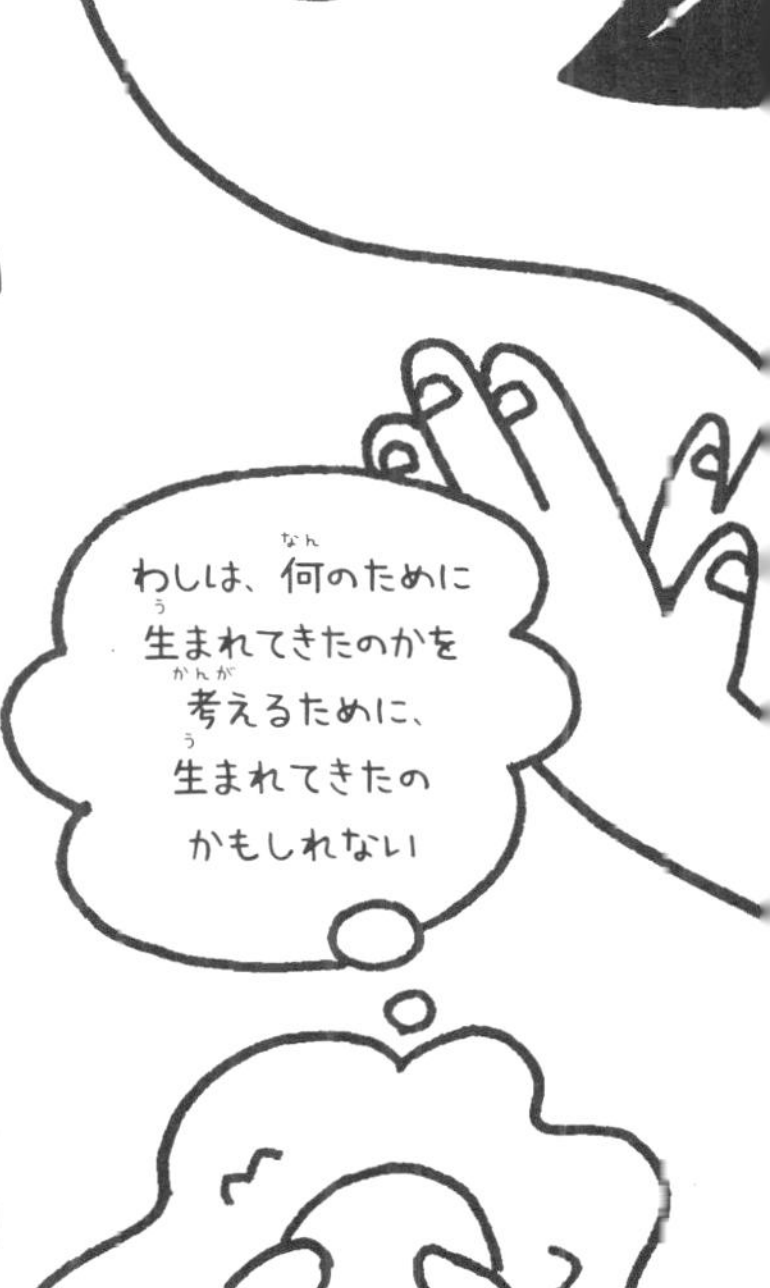

今日《きょう》と明日《あした》のちがいって、何《なに》？

これは、じっさいにやってみると、よくわかります。

やってみよう

同《おな》じ一日《いちにち》を たいけんしよう

夏休《なつやす》みなどの長《なが》い休《やす》みがあったら、二日間《ふつかかん》、まったく同《おな》じことをして、すごしてみましょう。どんなことを感《かん》じるでしょうか。

① 予定表《よていひょう》を作《つく》る

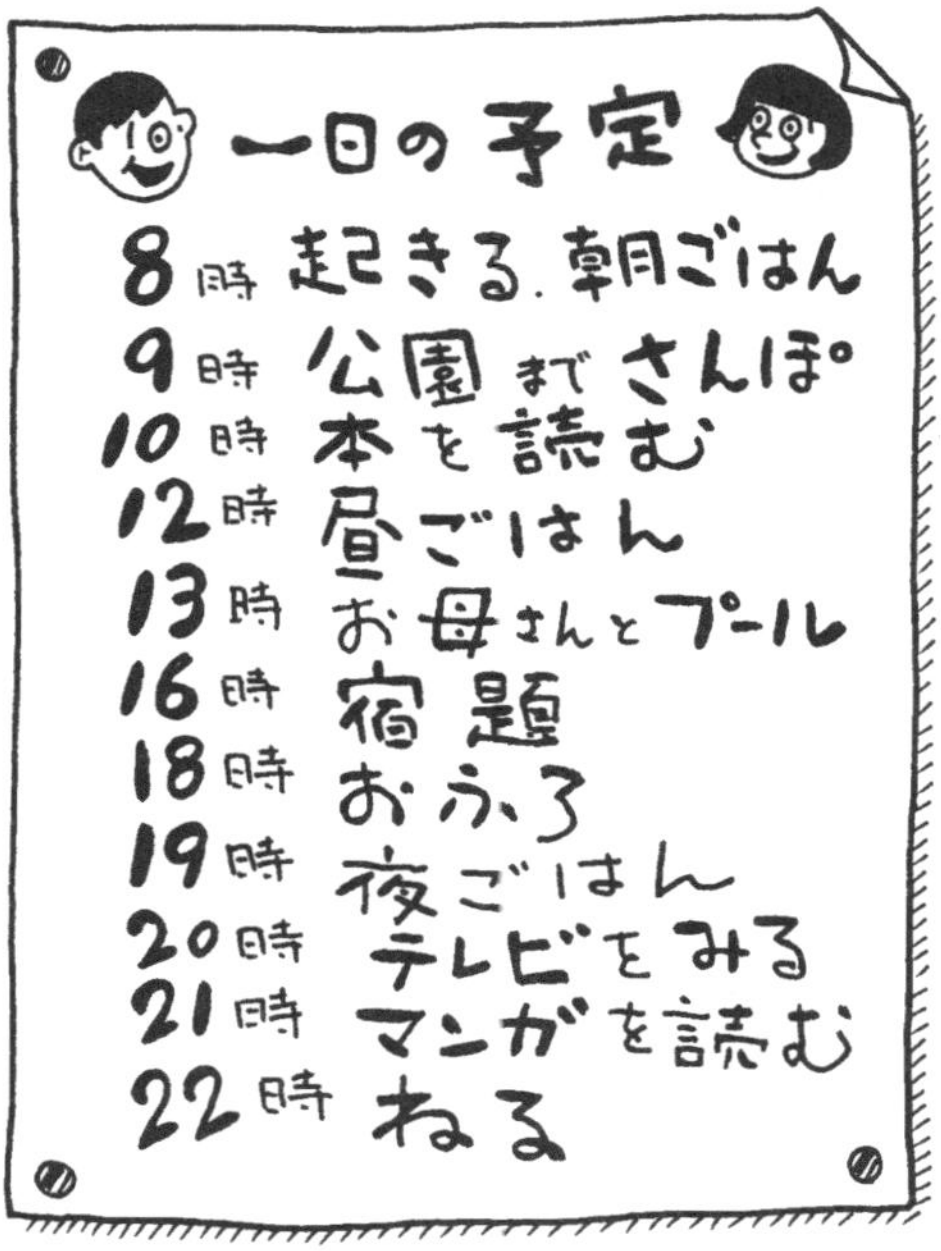

一人《ひとり》でできることをふやすと、予定《よてい》を守《まも》りやすくなります。

② 予定通《よていどお》り、一日《いちにち》をすごす

③ 次《つぎ》の日《ひ》も、同《おな》じ予定《よてい》ですごす

きっと、同《おな》じ一日《いちにち》をすごしていても、いろいろなちがいに気《き》づくことでしょう。気《き》づいたことは、わすれないようにノートに書《か》きとめておきましょう。

人《ひと》は、毎日少《まいにちすこ》しずつせいちょうしている

本《ほん》は、二日目《ふつかめ》には、物語《ものがたり》がスラスラ頭《あたま》に入《はい》るようになったり、泳《およ》ぎも、二日目《ふつかめ》は一日目《いちにちめ》より上手《じょうず》に泳《およ》げたり、ぎゃくにつかれがのこっていて、上手《じょうず》に泳《およ》げなかったりと、いろいろなちがいを感《かん》じると思《おも》います。このちがいが、昨日《きのう》と今日《きょう》、今日《きょう》と明日《あした》のちがいです。どんなに同《おな》じ一日《いちにち》をすごしても、かならずちがう一日《いちにち》なのです。そして、毎日《まいにち》ちがう一日《いちにち》が、みんなを少《すこ》しずつせいちょうさせているのです。

世界《せかい》って、いつかは終《お》わるの？

終《お》わります。終《お》わる日《ひ》がいつかはわかりませんし、どのように終《お》わるのかもわかりませんが、ぜったいに終《お》わります。でも、「世界《せかい》」というものの考《かんが》え方《かた》をかえれば、もしかしたら、世《せ》界《かい》は終《お》わらないかもしれません……。

そこで、ここでは、さまざまな「世界《せかい》の終《お》わり」について、見《み》ていきましょう。

① 地球《ちきゅう》が終《お》わるとき、世界《せかい》が終《お》わる？

② うちゅうが終《お》わるとき、世界《せかい》が終《お》わる?

「世界《せかい》」と聞《き》くと、地球《ちきゅう》上《じょう》に生《い》きるすべての人《ひと》、すべての動物《どうぶつ》をそうぞうする人《ひと》も多《おお》いと思《おも》います。この場合《ばあい》、地球《ちきゅう》がいつか、終《お》わりをむかえたとき、世界《せかい》も終《お》わることになります。

しかし、うちゅうには、まだ数々《かずかず》の星《ほし》があります。地球《ちきゅう》が終《お》わるのは、ずっと先《さき》の話《はなし》なので、それまでに、人《ひと》が地球《ちきゅう》いがいの星《ほし》でもくらせるぎじゅつをもてれば、世界《せかい》は、まだまだつづきます。

地球《ちきゅう》の終《お》わりよりも、ずっとずっと先《さき》になるといわれていますが、うちゅうだって、いつかは終《お》わります。そのため、人間《にんげん》がさまざまな星《ほし》に住《す》むようになったとしても、うちゅうが終《お》われば、世界《せかい》は終《お》わります。

③ でも、うちゅうの外《そと》にも世界《せかい》があるかも…

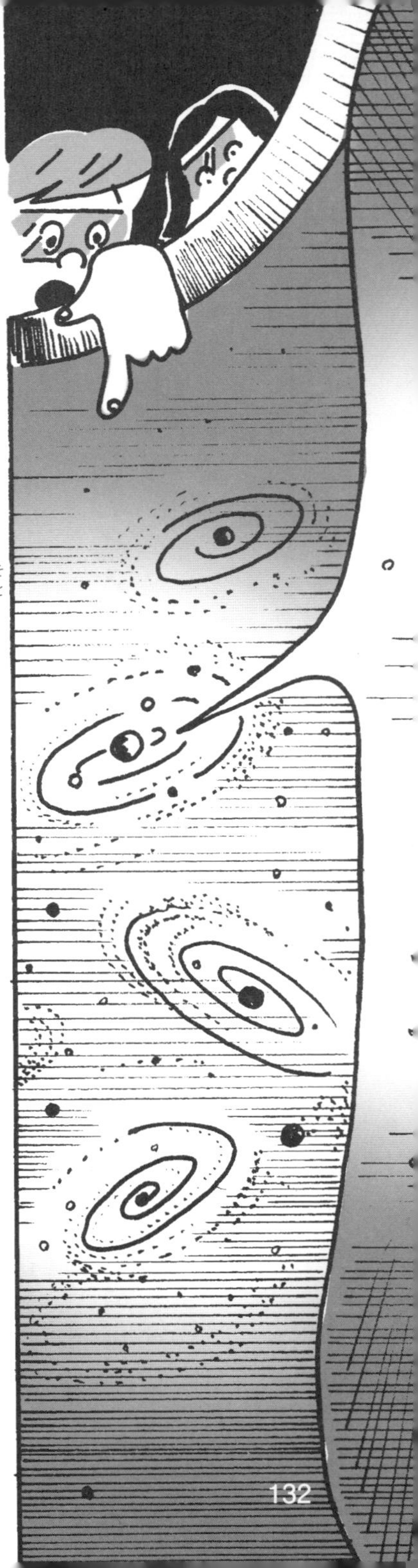

しかし、うちゅうには「はじっこ」があることがわかっています。はじっこがあるということは、うちゅうの外《そと》に、べつの世界《せかい》があるということです。うちゅうの外《そと》までも「世《せ》界《かい》」にふくめるなら、うちゅうが終《お》わっても、世界《せかい》はまだまだつづきます。

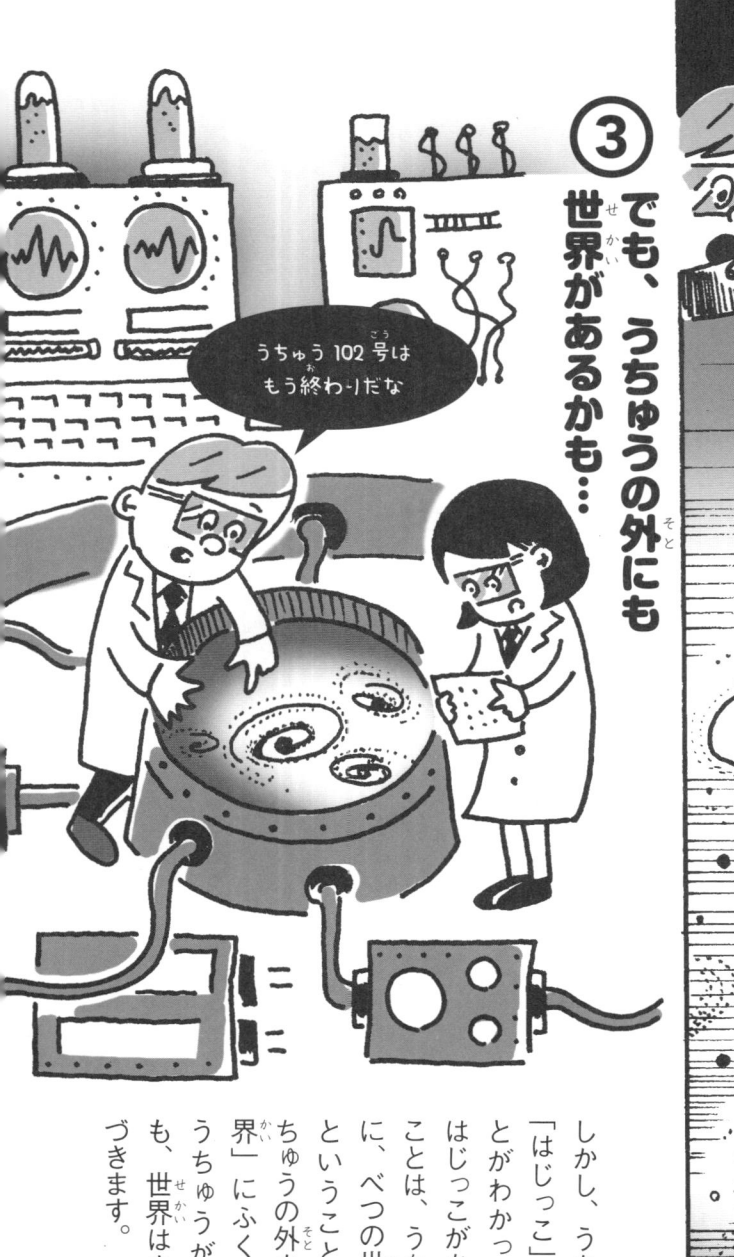

でも、これは、あくまで自分《じぶん》という人間《にんげん》を考《かんが》えないで、世界《せかい》を見《み》たときの話《はなし》。

もし、自分《じぶん》をふくめて考《かんが》えたら…？

④自分《じぶん》が死《し》ぬと、世界《せかい》は終《お》わる

じつは、世界《せかい》は、みんなの頭《あたま》の中《なか》にあります。

これまでに自分《じぶん》が見《み》たこと、聞《き》いたこと、感《かん》じたこと。これらが「脳《のう》」の中《なか》にたまっていくことで、一人《ひとり》ひとりの頭《あたま》の中《なか》に、自分《じぶん》だけの「世界《せかい》」が作《つく》られているのです。ですから、死《し》んでしまうと、その頭《あたま》の中《なか》の世界《せかい》も終《お》わります。これも、りっぱな「世界《せかい》の終《お》わり」です。

でも、もし、自分《じぶん》が死《し》ななければ…？

さつじんじけんのニュースは、どうしてなくならないの？

それは、ニュースを見《み》ている多《おお》くの人《ひと》が、さつじんじけんにきょうみがあるからです。みんなの中《なか》には、このしつもんを読《よ》んだとき、ニュースのことより「なぜ、さつじんじけんが起《お》きるのか」ということが気《き》になった人《ひと》も多《おお》いと思《おも》います。

これは、おとなも同《おな》じです。

人《ひと》が人《ひと》をころす理由《りゆう》は、それぞれちがいます。そのため、さつじんじけんをな

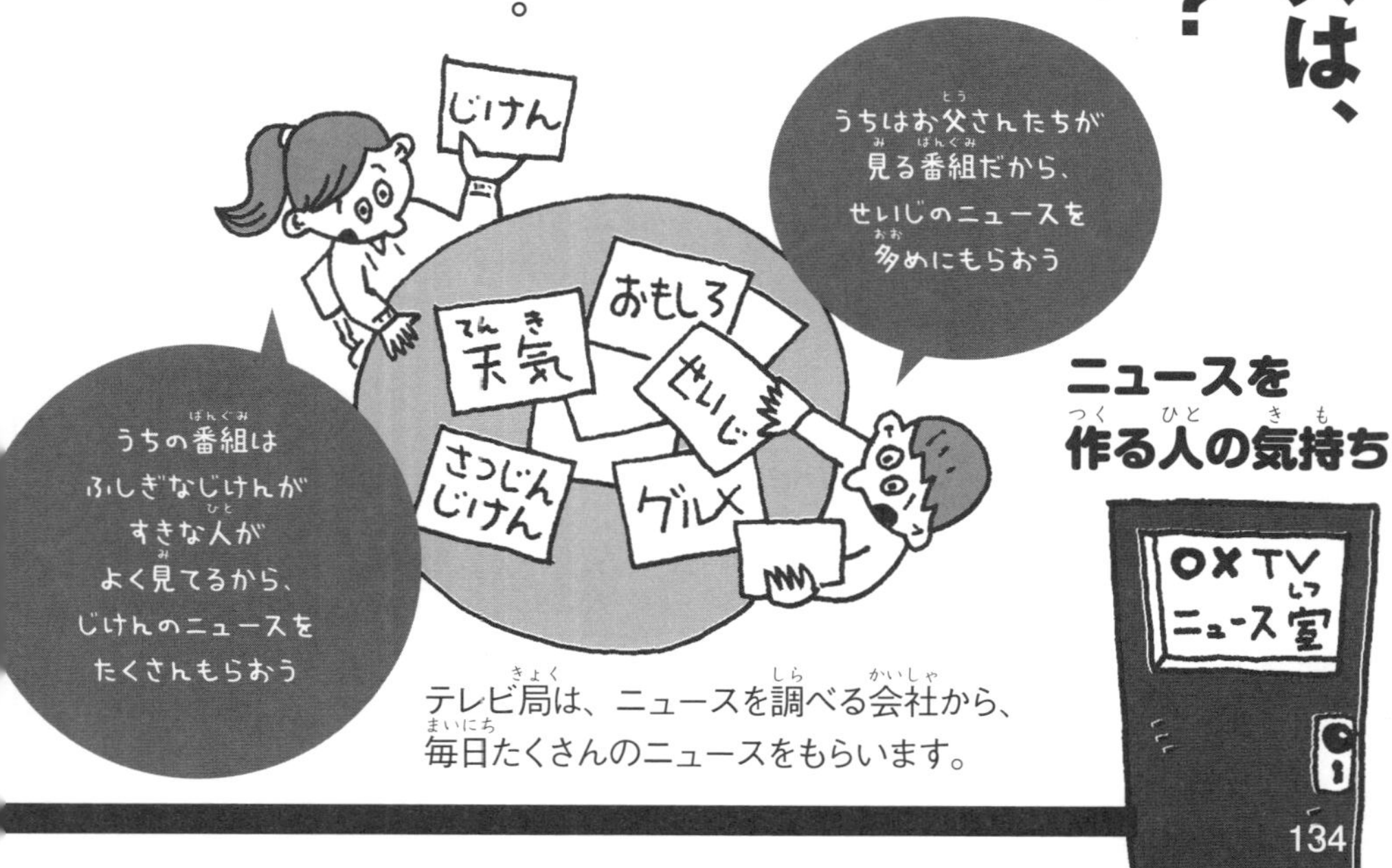
うちはお父《とう》さんたちが
見《み》る番組《ばんぐみ》だから、
せいじのニュースを
多《おお》めにもらおう
じけん
おもしろ
天気《てんき》
せいじ
さつじん
じけん
グルメ
うちの番組《ばんぐみ》は
ふしぎなじけんが
すきな人《ひと》が
よく見《み》てるから、
じけんのニュースを
たくさんもらおう
○×TV
ニュース室《しつ》

ニュースを作《つく》る人《ひと》の気持《きも》ち

テレビ局《きょく》は、ニュースを調《しら》べる会社《かいしゃ》から、毎日《まいにち》たくさんのニュースをもらいます。

くすことはできず、また、みんな、人《ひと》をころす心《こころ》や、ころされた人《ひと》のことを知《し》りたいので、さつじんじけんのニュースもなくならないのです。

ニュースを見《み》る人《ひと》の気持《きも》ち

人《ひと》は、自分《じぶん》がかんしんのあるニュースには耳《みみ》をかたむけます。どんな人《ひと》の心《こころ》にも「人《ひと》が死《し》ぬ」ことへのおそれや、きょうみがあるので、さつじんじけんのニュースを見《み》ると、いろいろな気持《きも》ちが生《う》まれるのです。

その中《なか》から、テレビを見《み》る人《ひと》がよろこびそうなものがえらばれます。

このように、さつじんじけんのニュースは、ニュースを作《つく》る人《ひと》と、ニュースを見《み》る人《ひと》の気持《きも》ちが重《かさ》なることで、毎日《まいにち》、生《う》まれているのです。

どうしようもないくらい落《お》ちこんだとき、どうすればいい？

いやなことがつづいたり、自分《じぶん》の力《ちから》ではどうしようもない、つらいことが起《お》こったりすると、心《こころ》がおしつぶされたような気持《きも》ちになりますね。

心《こころ》がおしつぶされて小《ちい》さくなってしまうと、いいことは目《め》にうつらず、いやなことばかり考《かんが》えるようになり、心《こころ》はもっともっときゅ

うくつになっていきます。

こうなると、心《こころ》の元気《げんき》がどんどんなくなっていき、やがて体《からだ》を動《うご》かすのもいやになって、さいごには、生《い》きることさえ、つらくなってしまうことも……。

でも、そんな、自分《じぶん》ではどうすることもできないつらいことでも、のりこえるほうほうはあります。

次《つぎ》のページを、見《み》てください。

いやなこと、つらいことを小《ちい》さくする二《ふた》つのほうほう

みんなの「心《こころ》の部屋《へや》」には、小《ちい》さなドアがついています。そして、そのドアの向《む》こうには、今《いま》より少《すこ》しだけ広《ひろ》い部屋《へや》があります。いやなこと、つらいことがふえてきて、今《いま》の部屋《へや》はきゅうくつだと感《かん》じたら、ドアを開《あ》けて、もっと広《ひろ》い部屋《へや》へいどうしましょう。ただ、このドアを開《ひら》くほうほうは、次《つぎ》の二《ふた》つしかありません。

① ドアを強《つよ》くノックする

ドアを思《おも》いきりたたいて、まわりの人《ひと》に「自分《じぶん》は、ここから出《で》たいんだ!」ということを知《し》らせましょう。心《こころ》がおしつぶされそうなときは、自分《じぶん》の頭《あたま》だけで考《かんが》えず、いろいろな人《ひと》にそうだんすることがいちばんです。

② 自分《じぶん》でドアをやぶる

だれかにそうだんしても、なかなかかいけつしないときは、思《おも》いきって、まったくちがう世界《せかい》にとびこんでみましょう。スポーツでも、遊《あそ》びでも、習《なら》い事《ごと》でも、何《なん》でもかまいません。新《あたら》しいことにちょうせんし、知《し》らなかった世界《せかい》が見《み》えてくると、自然《しぜん》と心《こころ》のドアも開《ひら》かれます。

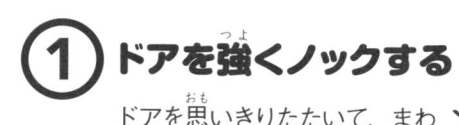

心《こころ》のドアを開《ひら》いて心《こころ》の部屋《へや》を大《おお》きくしよう！

え？　わたし
あんなに
小《ちい》さなことで
なやんでたの？

これをくり返《かえ》していくと…

いやなこと、つらいことで心《こころ》がいっぱいになるたびに、心《こころ》のドアを開《あ》け、心《こころ》の部屋《へや》をどんどん大《おお》きくしていくと、やがて、さいしょに自分《じぶん》が考《かんが》えていたいやなこと、つらいことが、びっくりするくらいに小《ちい》さく感《かん》じられるときがきます。そして、「自分《じぶん》は、こんな小《ちい》さなことでなやんでいたんだ！」と、わらいながら話《はな》せる日《ひ》が、かならずやってきます。

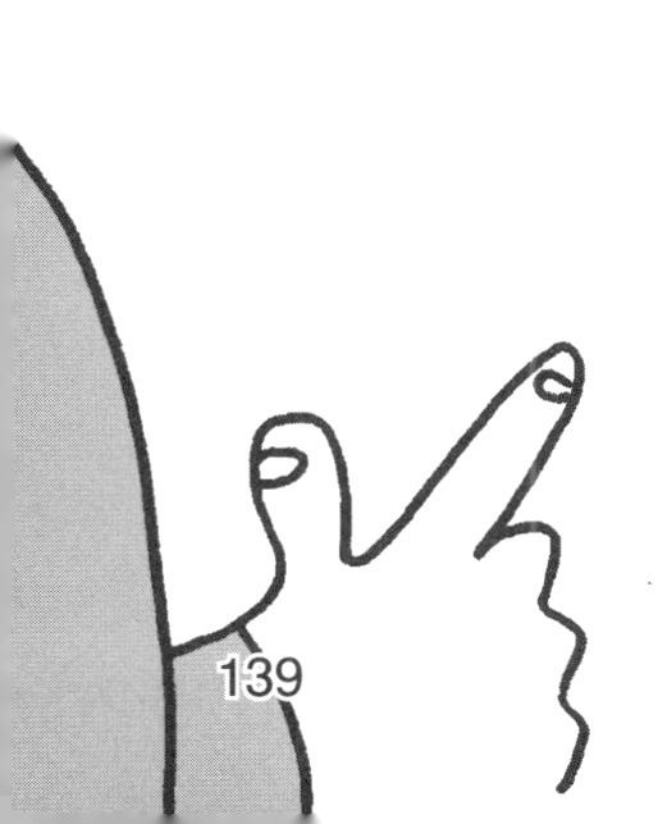

アリのいのち、花《はな》のいのち、人間《にんげん》のいのち。全部《ぜんぶ》同《おな》じなの？

いのちあるものはすべて、がんばって生《い》きています。夏《なつ》の暑《あつ》さ、冬《ふゆ》の寒《さむ》さにたえながら、動《うご》かずにじっとせいちょうする、花《はな》や草木《くさき》。自《し》然《ぜん》が少《すく》なくなった町《まち》の中《なか》で、一生《いっしょう》けんめいに食《た》べ物《もの》をさがす、アリなどの虫《むし》たち。

そう、「がんばって生《い》きている」という点《てん》では、いのちはすべて同《おな》じです。でも……

人間《にんげん》は、自分《じぶん》をこうげきするもののいのちや、自分《じぶん》が食《た》べる物《もの》のいのちを、自分《じぶん》たちのいのちにくらべて、軽《かる》く見《み》てしまいがちです。つまり、人間《にんげん》から見《み》たら、「いのちはすべて同《おな》じ」ではないのです。

でも、だからこそ、「いのちあるものはすべて、がんばって生《い》きている」ということを、いつも心《こころ》にとめておかなければいけません。そうしないと、同《おな》じ人間《にんげん》のいのちまで、軽《かる》く見《み》るような人《ひと》になってしまうかもしれません。

「いただきます」という言葉《ことば》は、「自分《じぶん》はこれから、いのちをいただくんだ。ありがたいことなんだ」という心《こころ》をわすれないために言《い》う言葉《ことば》です。

「おきょう」って、なんで読《よ》むの？

日本《にほん》のおそうしきでは、死《し》んだ人《ひと》のために「おきょう」を読《よ》むことがほとんどです。これは、死《し》んだ人《ひと》のたましいを「成《じょう》仏《ぶつ》」させるためといわれています。成仏《じょうぶつ》とは、死《し》んだ人《ひと》のたましいが、「極楽《ごくらく》」などのすばらしい世界《せかい》に行《い》くこと。成仏《じょうぶつ》できないたましいは、町《まち》の中《なか》をあてもなくただよってしまうので、そうならないように、おきょうを読《よ》むのです。

では、どうして、おきょうを読《よ》むことで、死《し》んだ人《ひと》のたましいが成仏《じょうぶつ》できるのでしょう？

じつは、成仏《じょうぶつ》には、もう一《ひと》つの意味《いみ》があります。「仏《ほとけ》に成《な》る」

と書《か》いて「成仏《じょうぶつ》」です。仏《ほとけ》というのは、ブッダという人《ひと》のこと。ブッダは、仏教《ぶっきょう》という教《おし》えを作《つく》った人《ひと》で、人《ひと》の苦《くる》しみや悲《かな》しみをのりこえ、「さとり」という、きゅうきょくの心《こころ》を手《て》に入《い》れた、えらい人物《じんぶつ》です。つまり、成仏《じょうぶつ》には「ブッダのように、さとりの心《こころ》を手《て》に入《い》れた人《ひと》になる」という意味《いみ》もあり、そのためのほうほうの一《ひと》つが、おきょうを読《よ》むこととされているのです。

つまり、おきょうには、死《し》んだ人《ひと》のたましいが極楽《ごくらく》に行《い》けるように、そして、さとりの心《こころ》を手《て》に入《い》れられるように というねがいが、こめられているのです。

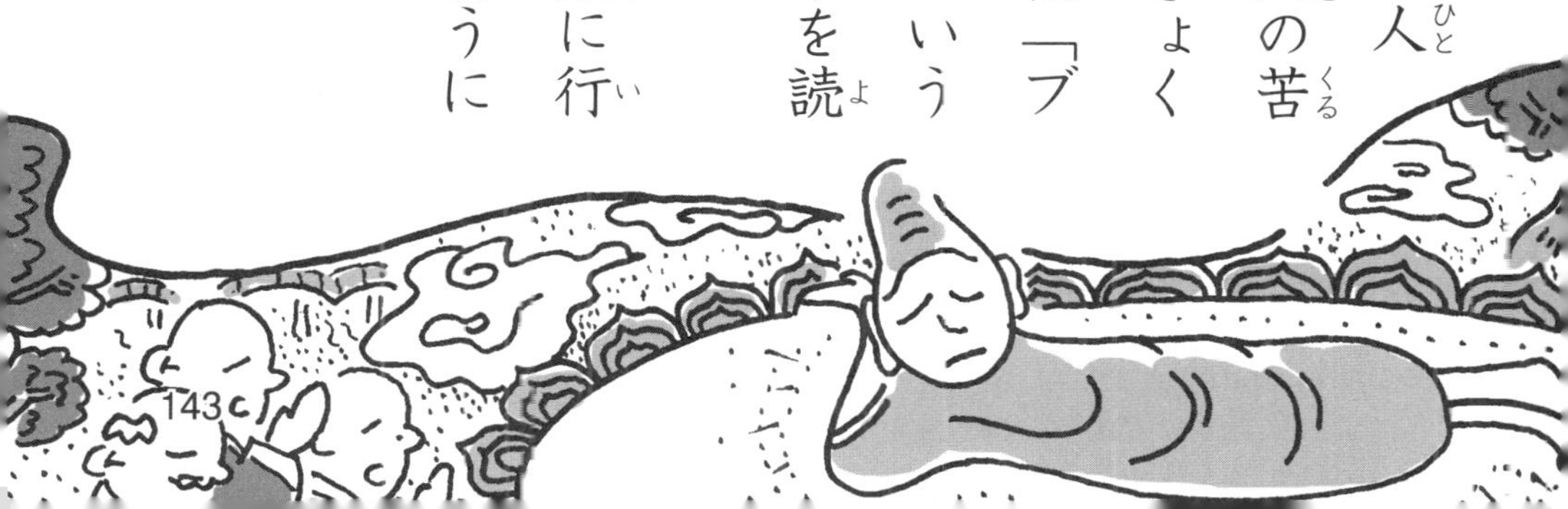

おきょうって、どんなもの？

おきょうには、たくさんのしゅるいがありますが、ここでは、もっとも有名《ゆうめい》なおきょう「般《はん》若心経《にゃしんぎょう》」をしょうかいします。

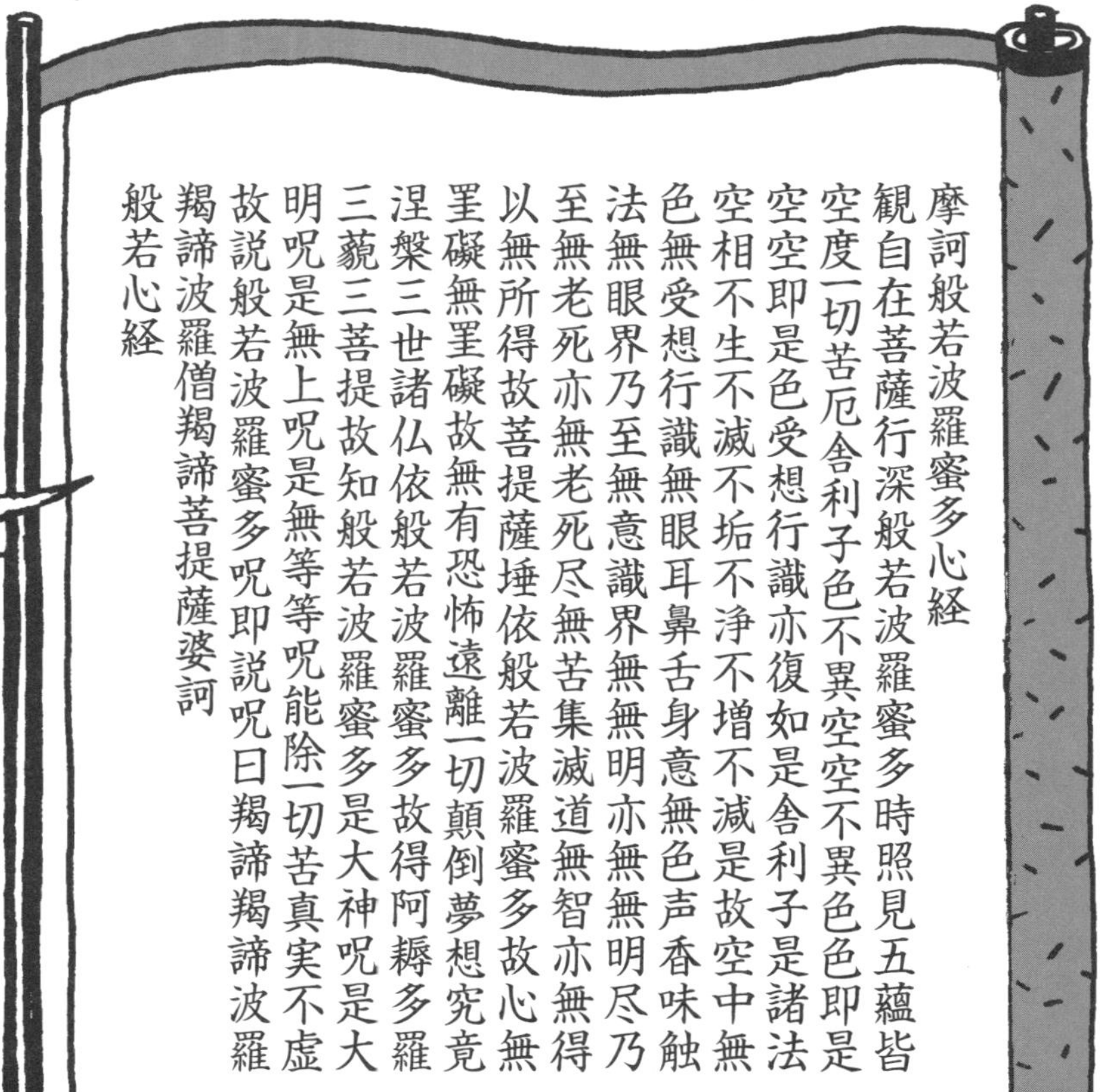
摩訶般若波羅蜜多心経
観自在菩薩行深般若波羅蜜多時照見五蘊皆
空度一切苦厄舎利子色不異空空不異色色即是
空空即是色受想行識亦復如是舎利子是諸法
空相不生不滅不垢不浄不増不減是故空中無
色無受想行識無眼耳鼻舌身意無色声香味触
法無眼界乃至無意識界無無明亦無無明尽乃
至無老死亦無老死尽無苦集滅道無智亦無得
以無所得故菩提薩埵依般若波羅蜜多故心無
罣礙無罣礙故無有恐怖遠離一切顛倒夢想究竟
涅槃三世諸仏依般若波羅蜜多故得阿耨多羅
三藐三菩提故知般若波羅蜜多是大神呪是大
明呪是無上呪是無等等呪能除一切苦真実不虚
故説般若波羅蜜多呪即説呪曰羯諦羯諦波羅
羯諦波羅僧羯諦菩提薩婆訶
般若心経

これが、般若心経《はんにゃしんぎょう》です。漢字《かんじ》ばっかりで、よくわかりませんよね。そこで、般若心経《はんにゃしんぎょう》に書《か》かれていることを、左《ひだり》のページで、ものすごくかんたんにしょうかいしましょう。

おれが、どうして、さとれたかって？
そうだな。むずかしいかもしれないけど、ちょっと聞《き》いてくれ。
けっきょく、すべては「空《くう》」なんだ。見上《みあ》げるとある空《そら》とは、少《すこ》しちがう。
そこにあるけど、何《なに》もない。これが「空《くう》」だ。この点《てん》では青空《あおぞら》と同《おな》じだ。
青空《あおぞら》は見上《みあ》げれば見《み》えるけど、そこに何《なに》かあるわけじゃない。
形《かたち》もない、かんかくもない、かおりもない、味《あじ》もない、音《おと》もない。
そう、自分《じぶん》たちが感《かん》じるものすべては、そこにあっても、そこにはないのだ。
苦《くる》しみだってない。だから、苦《くる》しむげんいんも、
苦《くる》しみからにげるほうほうも、苦《くる》しみが終《お》わることもない。
そもそも苦《くる》しみがないんだから、考《かんが》えるひつようもない。
こうして、心《こころ》が空《くう》となれば、すべてのかんかく、気持《きも》ちからぬけ出《だ》すことができる。
そのため、心《こころ》がゆれることもまったくなくなり、「さとり」を開《ひら》くことができるのだ。
では、そんな心《こころ》になるためのじゅもんを教《おし》えよう。
いつわりのない、真実《しんじつ》のじゅもんを教《おし》えよう。
「ぎゃあてい　ぎゃあてい　はらぎゃあてい　はらそうぎゃあてい　ばじそわか」
これが、般若心 経《はんにゃしんぎょう》である。

いっさいの苦《くる》しみを感《かん》じることなく生《い》きるためには、世の中《よなか》すべてが「空《くう》」であることを知《し》らなければいけない。そのためのじゅもんを教《おし》えてくれる。これが、般若心 経《はんにゃしんぎょう》の意味《いみ》です。むずかしいですよね。でも、そもそも、さとりを開《ひら》いたブッダが生《う》まれてから今《いま》までの約《やく》2500年間《ねんかん》、さとりを開《ひら》くことができた人《ひと》は一人《ひとり》もいません。だから、これを読《よ》んで「よくわからない」と思《おも》っても、当《あ》たり前《まえ》なので、気《き》にしないでください。

般若心経《はんにゃしんぎょう》を写経《しゃきょう》してみよう

摩訶般若波羅蜜多心経
観自在菩薩行深般若波羅蜜多時照見五
蘊皆空度一切苦厄舎利子色不異空空不異
色色即是空空即是色受想行識亦復如是
舎利子是諸法空相不生不滅不垢不浄不
増不減是故空中無色無受想行識無眼耳
鼻舌身意無色声香味触法無眼界乃至無
意識界無無明亦無無明尽乃至無老死亦
無老死尽無苦集滅道無智亦無得以無所

「写経《しゃきょう》」とは、おきょうを自分《じぶん》で書《か》いてみること。書《か》くことで、その言葉《ことば》がだんだん自分《じぶん》の心《こころ》に入《はい》りこんでいき、少《すこ》しだけさとりに近《ちか》づけるといわれています。

得故菩提薩埵依般若波羅蜜多故心無罣
礙無罣礙故無有恐怖遠離一切顛倒夢想究
竟涅槃三世諸仏依般若波羅蜜多故得阿
耨多羅三藐三菩提故知般若波羅蜜多是
大神呪是大明呪是無上呪是無等等呪能除
一切苦真実不虚故説般若波羅蜜多呪即説
呪曰羯諦羯諦波羅羯諦波羅僧羯諦菩提
薩婆訶
般若心経

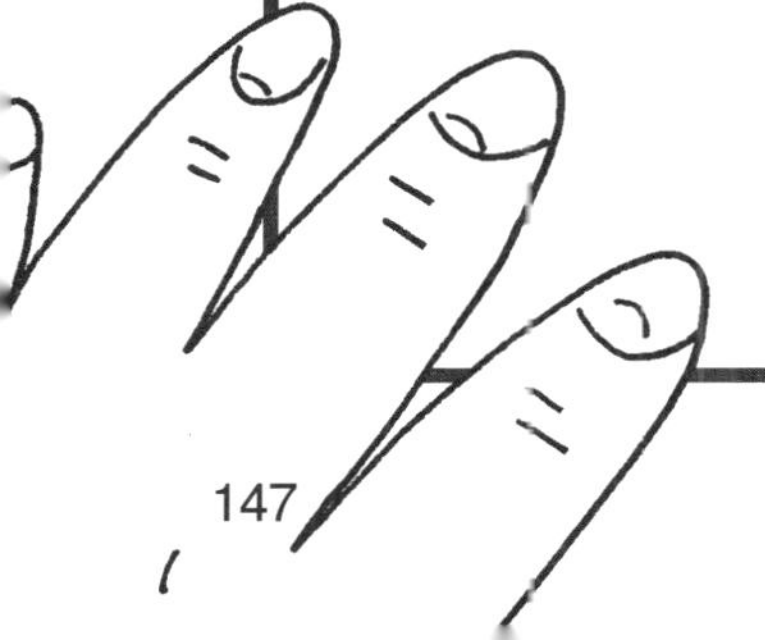

運命《うんめい》って、本当《ほんとう》にあるの？

まるで、あらかじめ決《き》まっていたような、ぐうぜん……。このようなことが起《お》こると「運命《うんめい》だ！」と思《おも》う人《ひと》も多《おお》いでしょう。でも、はたしてそれは、本当《ほんとう》に「運命《うんめい》」なのでしょうか？

スタート
ぼくは小《ちい》さいころから虫《むし》がすきだった
みんなはゲームにむちゅう…。でも、やっぱりぼくは…
もしかして君《きみ》も虫《むし》がすきなの？

はかせの話《はなし》に、ぼくたちは…

同《おな》じしゅみをもつ友《とも》だちとの出会《であ》いや、こんちゅうはかせとの出会《であ》いなど、まるでこの人《ひと》は、こんちゅう学者《がくしゃ》になることを、あらかじめ決《き》められていたようにも見《み》えます。でも…？

運命《うんめい》のぶたいうら、大《だい》こうかい！

さて、前《まえ》のページのお話《はなし》ですが、かれがこんちゅう学者《がくしゃ》になったのは、本当《ほんとう》に運命《うんめい》だったのでしょうか。ふり返《かえ》りながら、せつめいしていきましょう。

で、自分《じぶん》よりもずっと
虫《むし》にくわしい人《ひと》から、
より深《ふか》い虫《むし》の世界《せかい》の話《はなし》を聞《き》く。
そりゃ、おもしろいに
決《き》まっているの
はかせの話《はなし》に、ぼくたちは…
すごく
すきなことがあると
ほかのことをして
遊《あそ》んでいても、
少《すこ》し物足《ものた》りない
気持《きも》ちになるの
スタート
ぼくは小《ちい》さいころから虫《むし》がすきだった
みんなはゲームにむちゅう…。
でも、やっぱりぼくは…
もしかして君《きみ》も虫《むし》がすきなの？
BATTA
きっと、この友《とも》だちも
同《おな》じだったのね。
だから、かれを見《み》つけて
すぐに話《はな》しかけてきたのだと思《おも》うの。
しゅみが合《あ》う人《ひと》どうしなら
おたがいに心《こころ》がみたされるから、
すぐになかよくなれるの

わたしは、
運命《うんめい》のようせい
「ティニー」よ！
ティニー

たしかに、友《とも》だちとの出会《であ》い、はかせとの出会《であ》いには、少《すこ》しぐうぜんがあったかもしれません。でも、そのぐうぜんも、かれの虫《むし》に対《たい》する強《つよ》い気持《きも》ちと、友《とも》だちといっしょに進《すす》んで行動《こうどう》したけっかが、作《つく》り出《だ》したといえます。つまり運命《うんめい》とは、強《つよ》い気持《きも》ちと、多《おお》くの行動《こうどう》、そして、ほんの少《すこ》しのぐうぜんによって、作《つく》られるもの。「思《おも》わない」「動《うご》かない」では運命《うんめい》はやってこないのです。

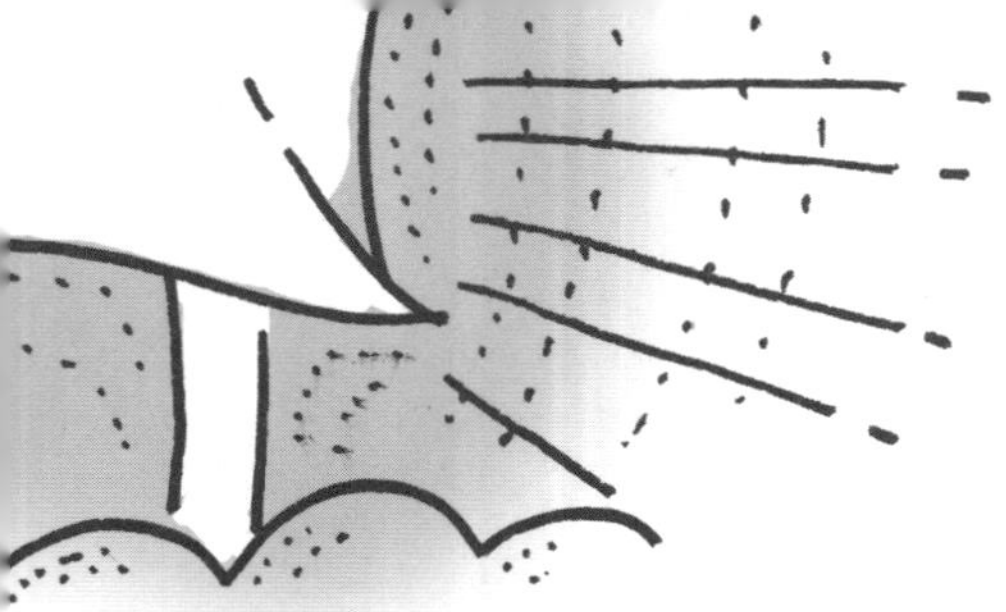

神様《かみさま》って、だれが作《つく》ったの？

神様《かみさま》は、しんじる人《ひと》の心《こころ》の中《なか》にいます。だから、しんじる神様《かみさま》は、人《ひと》によってさまざまです。とくに、日本《にほん》にはたくさんの神様《かみさま》がいて、神社《じんじゃ》ごとにちがう神様《かみさま》がまつられているくらいです。一方《いっぽう》で、ぜったいてきな、たった一人《ひとり》の神様《かみさま》をしんじている人《ひと》も、たくさんいます。

雲《くも》の上《うえ》から
水《みず》を落《お》として
いるのは
だれかなあ？

答《こた》え

人間《にんげん》の頭《あたま》の中《なか》から生《う》まれた

では、それらのさまざまな神《かみ》様《さま》たちは、いったい、どこからやってきたのでしょうか？　これには、二《ふた》つの答《こた》えがあります。

答《こた》え

わからない

神様《かみさま》は、人間《にんげん》が生《う》まれるずっと前《まえ》からいて、すべてのことを知《し》っている、すばらしいそんざいです。そのため、神様《かみさま》にくらべたら、ちっぽけで、何《なに》も知《し》らない人間《にんげん》が、神様《かみさま》がどのようにして生《う》まれ、今《いま》どこにいるのかなど、わかるわけがありません。

昔《むかし》は、科学《かがく》がはったつしていなかったため、雨《あめ》がどうしてふるのか、かみなりがどうして鳴《な》るのかといったことが、わかりませんでした。そこで、昔《むかし》の人《ひと》は、これらのわからないことはすべて「神様《かみさま》のしわざ」と考《かんが》えることにしたのです。

人間《にんげん》が作《つく》ったのか、どこからともなくやってきたのか。
神様《かみさま》の正体《しょうたい》は、いまだもってわかりません。
でも、わからないからこそ、神様《かみさま》はしんじられつづけているのかもしれません。

で、けっきょく、神様《かみさま》はいるの？　いないの？

神様《かみさま》はいるのか、いないのか。このしつもんに答《こた》えが出《だ》せないのは、いったいなぜなのか。「神様《かみさま》はいる」と言《い》う人《ひと》と、「いない」と言《い》う人《ひと》が話《はな》し合《あ》っているようすを、見《み》てみましょう。

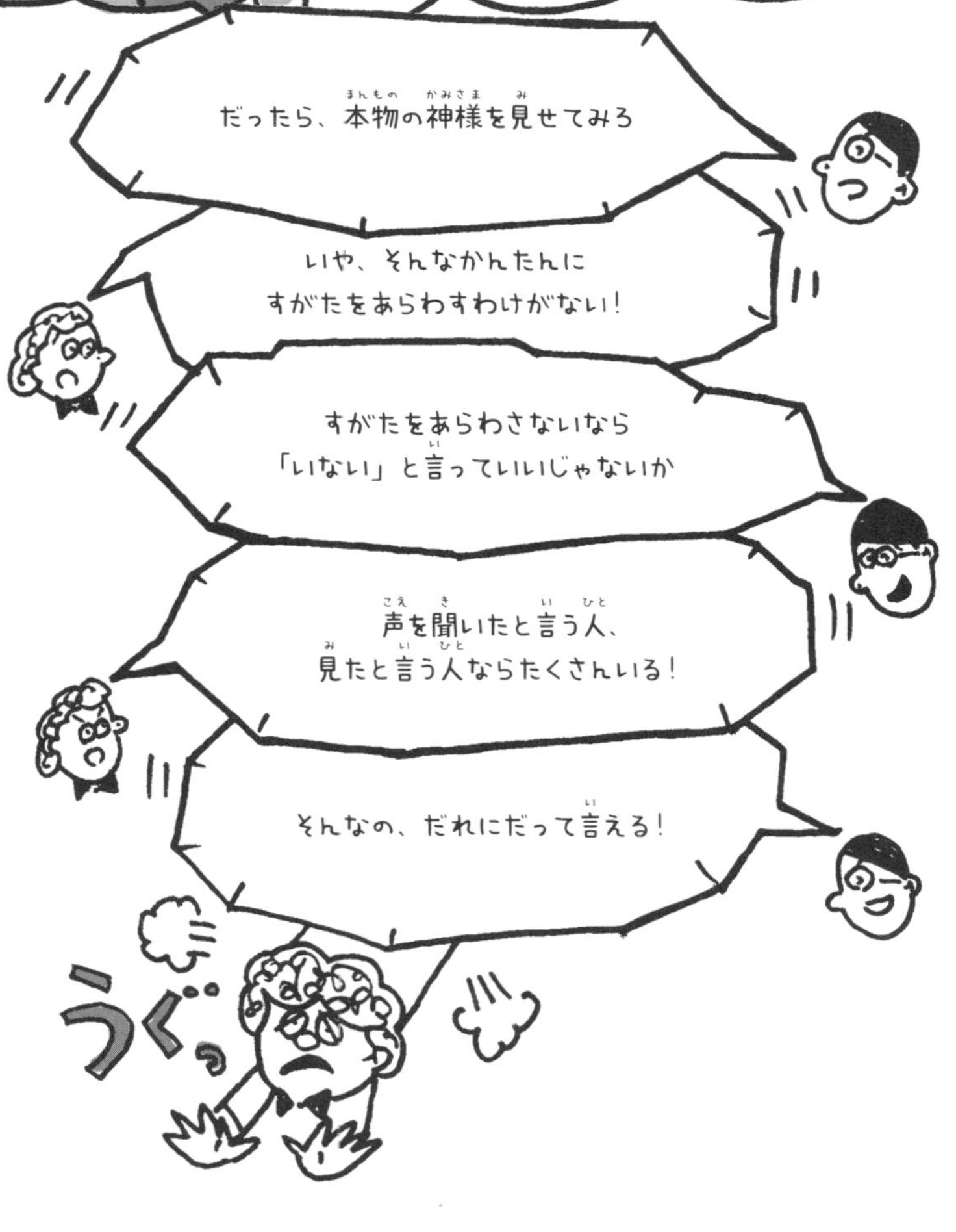

このように、神様《かみさま》は、「いる」ことも「いない」こともしょうめいできないのです。また、神様《かみさま》だけではなく、UFO《ユーフォー》や、雪男《ゆきおとこ》などのみかくにん生物《せいぶつ》（UMA《ユーマ》）など、いるのかいないのかはっきりしていないものは、すべて同《おな》じ理由《りゆう》で、いることもいないこともわかりません。

生《う》まれかわりって、あるの？

今《いま》、生《い》きている人《ひと》は、死《し》んだことがないので、「生《う》まれかわれるかどうか」の答《こた》えを知《し》ることはできません。そして、死《し》んだら、たとえ答《こた》えを知《し》ることができても、人《ひと》につたえることができないため、けっきょく、答《こた》えはわからないままです。

つまり、「生《う》まれかわれるかどうか」

の答《こた》えは、えいえんにわかりません。

でも、もし、生《う》まれかわりがあるとしても、みんなは、自分《じぶん》が生《う》まれる前《まえ》のことなんて、おぼえていますか？ おぼえていないですよね。そう、じつは生《う》まれかわりがあってもなくても、今《いま》、生《い》きている自分《じぶん》には、そもそも、まったく、かんけいのない話《はなし》なのです。

「わからない」って言《い》われても、なんかもやもやするんだけど…

死《し》んだあとのこと、いるかいないかわからないもの、そして、みらいについて…。いのちにかかわるなぞは、「ぜったいにわからない」という答《こた》えばかりです。でも、「わからない」と言《い》われても、何《なに》かもやもやしますよね。それは、いったいどうしてなのでしょう？

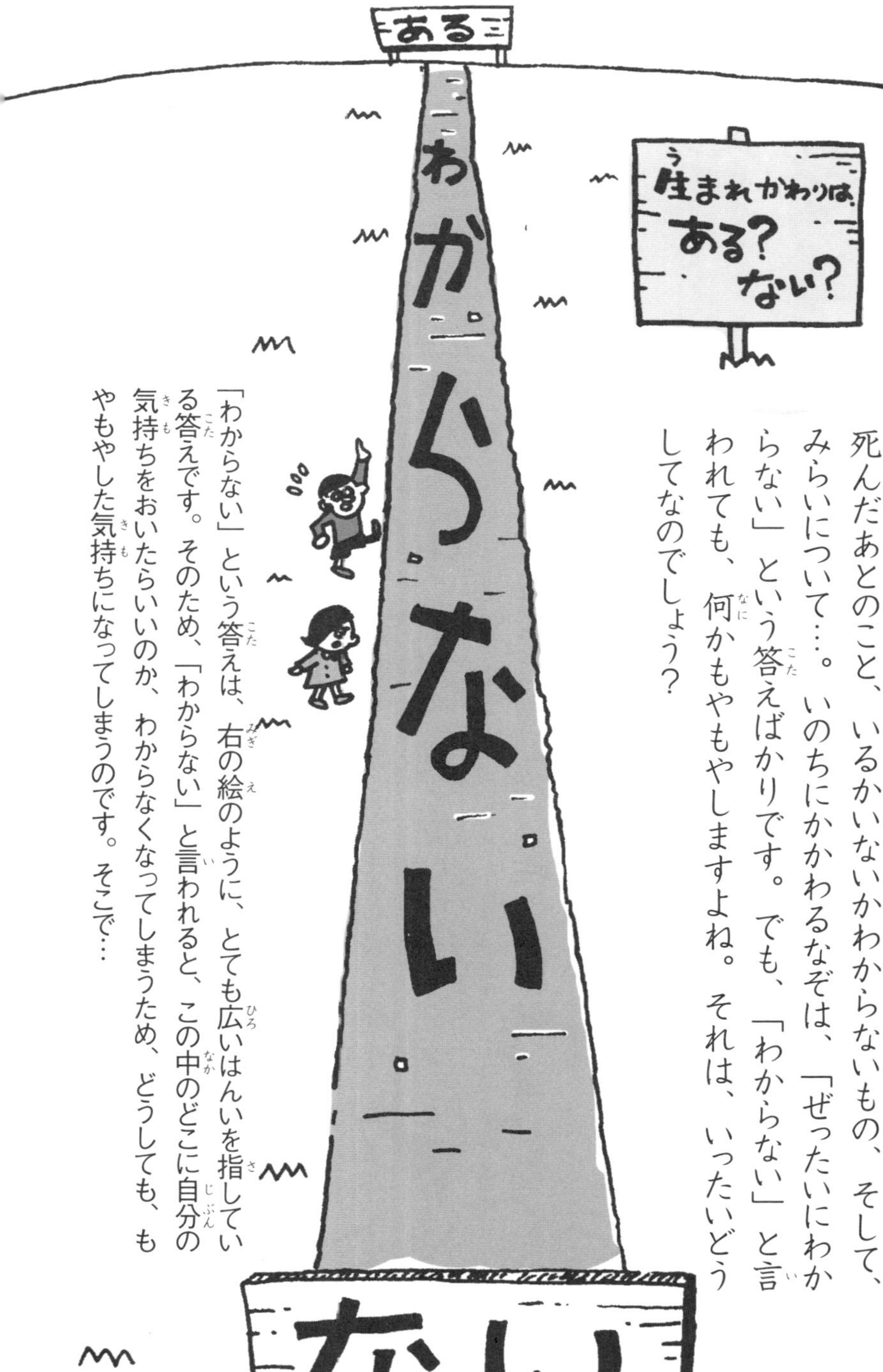

「わからない」という答《こた》えは、右《みぎ》の絵《え》のように、とても広《ひろ》いはんいを指《さ》している答《こた》えです。そのため、「わからない」と言《い》われると、この中《なか》のどこに自分《じぶん》の気持《きも》ちをおいたらいいのか、わからなくなってしまうため、どうしても、もやもやした気持《きも》ちになってしまうのです。そこで…

やってみよう

「わからない」の答《こた》えを出《だ》そう！

自分《じぶん》が思《おも》うままに、「わからない」の答《こた》えを作《つく》ってみましょう。たとえば、「おばけ」も、よくわからないものの一《ひと》つ。下《した》のグラフを見《み》ながら、自分《じぶん》はどのあたりにいるのか、考《かんが》えてみてください。

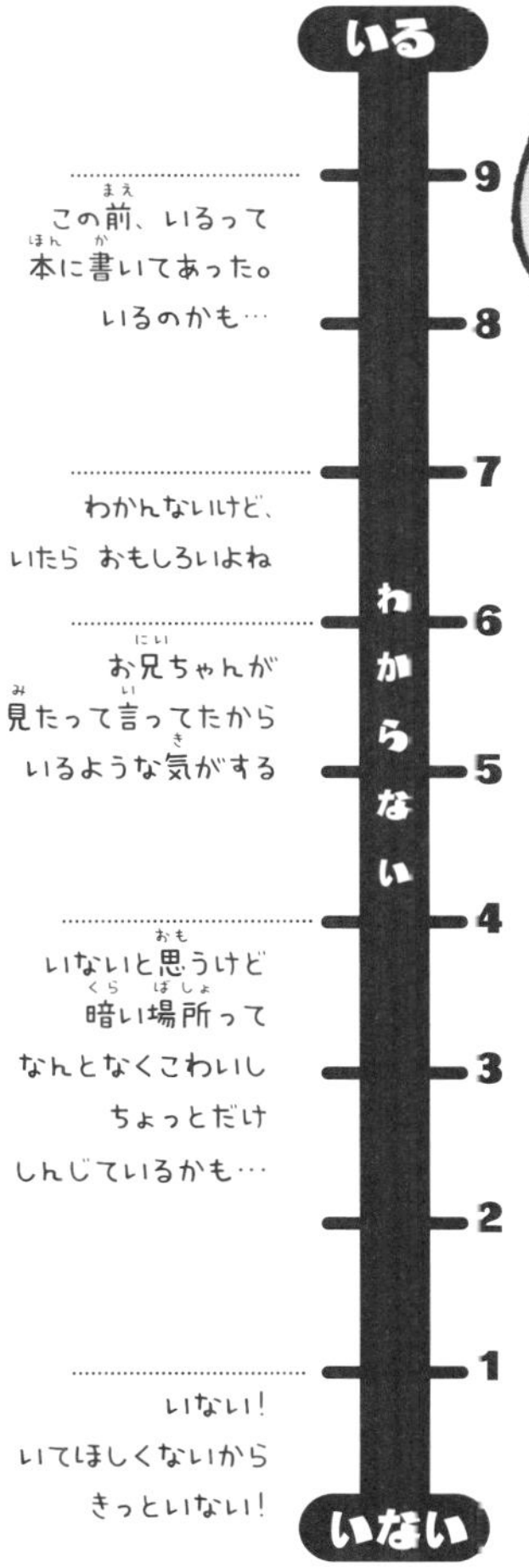
いる
9
この前《まえ》、いるって
本《ほん》に書《か》いてあった。
いるのかも…
8
7
わかんないけど、
いたら おもしろいよね
6
わからない
お兄《にい》ちゃんが
見《み》たって言《い》ってたから
いるような気《き》がする
5
4
いないと思《おも》うけど
暗《くら》い場所《ばしょ》って
なんとなくこわいし
3
ちょっとだけ
しんじているかも…
2
1
いない！
いてほしくないから
きっといない！
いない

おばけは、
いる？
いない？

「神様《かみさま》」や「生《う》まれかわり」についても、左《ひだり》のグラフを使《つか》って答《こた》えを出《だ》してみましょう。

はっきりとした答《こた》えはわからなくても、自分《じぶん》の「わからない」のいちがわかると、少《すこ》しスッキリしますね。このように、「わからない」に出合《であ》ったときは、「わからない」ままですませずに、自分《じぶん》なりに考《かんが》えて、答《こた》えを出《だ》すようにしましょう。そうすることで、自分《じぶん》をより深《ふか》く知《し》ることができます。

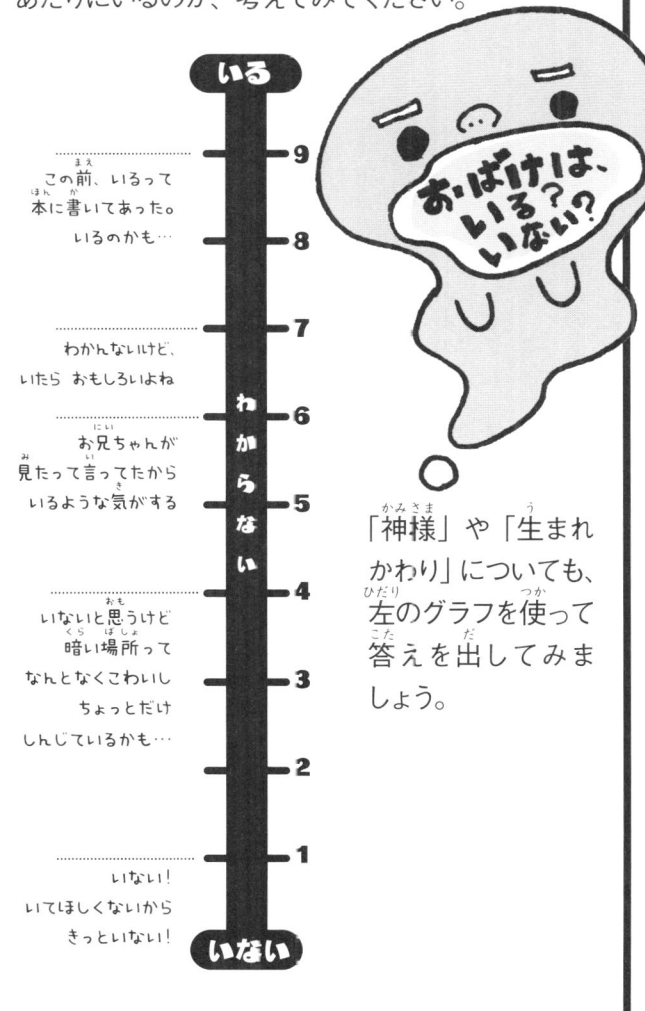

「わからない」を調《しら》べてみよう！

前《まえ》のページでしょうかいしたように、世《よ》の中《なか》には、答《こた》えが「わからない」ぎもんがたくさんあり、その「わからない」のいちは、人《ひと》によってさまざまです。そこで、自分《じぶん》のまわりにいる人《ひと》たちにアンケートをとり、みんなが「わからない」ものをどれくらいしんじているか、調《しら》べてみましょう。

用意《ようい》する物《もの》

・大《おお》きな画用紙《がようし》　・ペン（黒《くろ》・カラー）
・ノート

1 アンケートのテーマを決《き》める

まずは、どんなぎもんについてアンケートをとるか、決《き》めましょう。

この本《ほん》でしょうかいしたテーマのほかにも、「UFO《ユーフォー》」「ようかい」など、あるのかないのかわからないものは、たくさんあります。自分《じぶん》がいちばんきょうみのあるテーマをえらびましょう。

2 アンケート用紙《ようし》を作《つく》る

大《おお》きな画用紙《がようし》のいちばん上《うえ》にタイトルを書《か》き、その下《した》に、このアンケートについてのせつめい、答《こた》え方《かた》などを書《か》きます。

さらに、その下《した》に、159ページでしょうかいしたグラフをかきましょう。

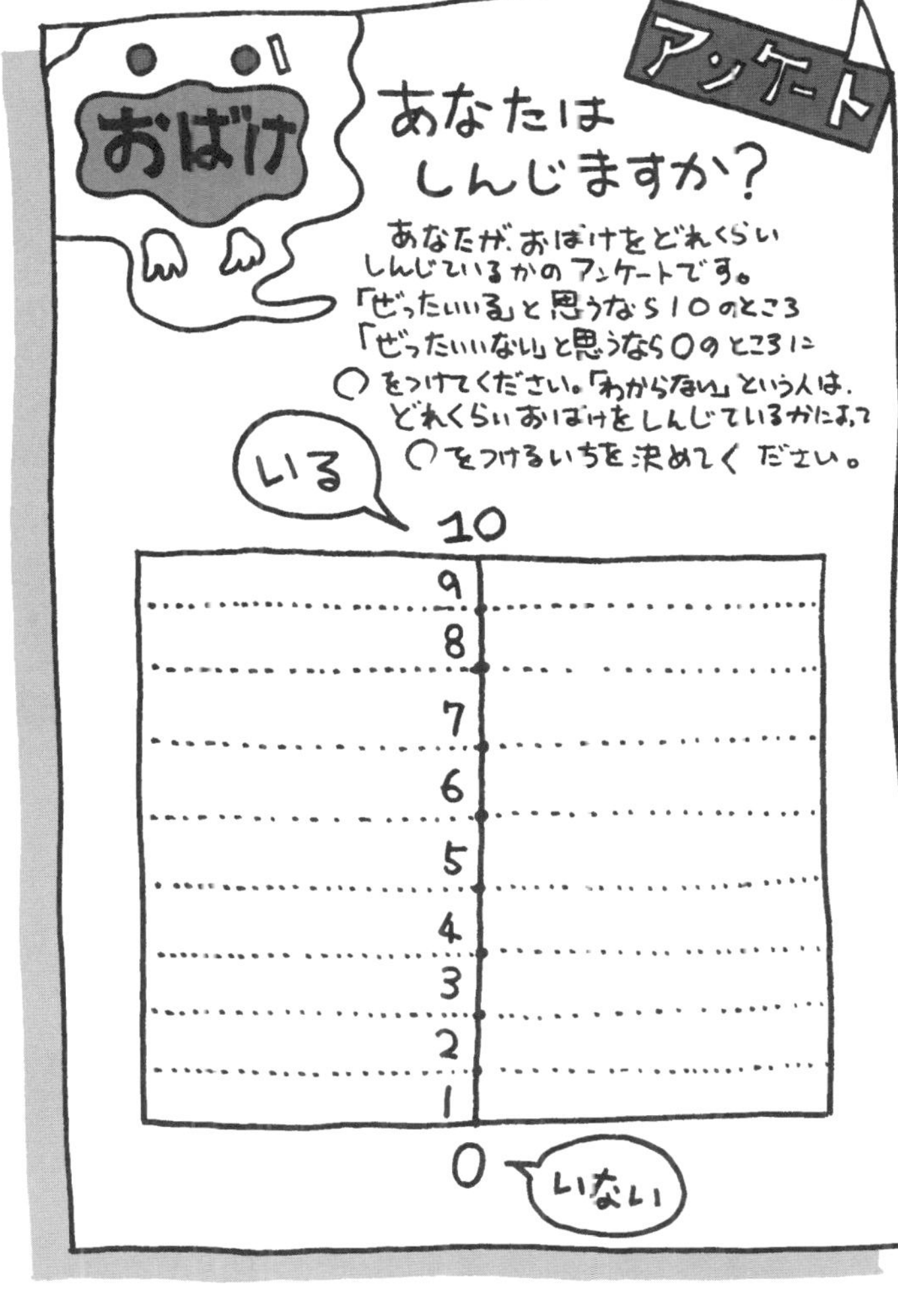

3 アンケートをとる

まずは、家族《かぞく》やクラスの友《とも》だちなど、身近《みぢか》な人《ひと》たちに答《こた》えてもらいます。できるだけ、「なぜ、そう思《おも》うのか？」も聞《き》いて、ノートに書《か》きとめましょう。

さらに、お父《とう》さんや先生《せんせい》にきょうりょくしてもらい、おとなにもアンケートをとると、よりおもしろいけっかになります。

おねがいしまーす

子《こ》どもとおとなでペンの色《いろ》をかえると、グラフがわかりやすくなります。

テレビでいるって言《い》ってたから…

4 けっかをぶんせきし発表《はっぴょう》する

アンケートのけっかを見《み》て考《かんが》え、わかったことをノートにまとめて、発表《はっぴょう》しましょう。

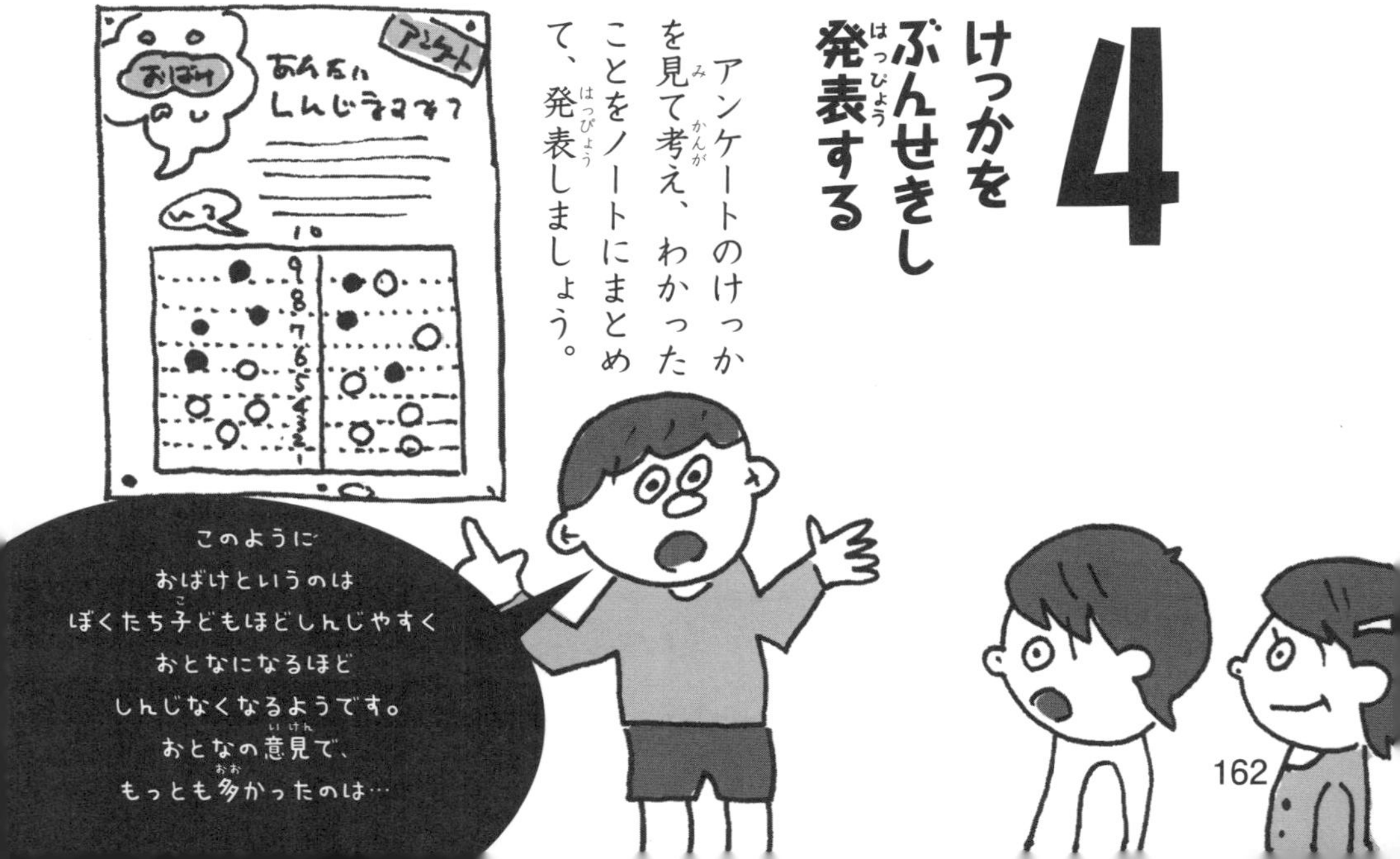
このようにおばけというのはぼくたち子《こ》どもほどしんじやすくおとなになるほどしんじなくなるようです。おとなの意見《いけん》で、もっとも多《おお》かったのは…

おとなのふしぎ

おとなって、何《なに》？

日本《にほん》では、はたち（20才《さい》）になると、おとなとしてみとめられます。でも、はたちになったから自分《じぶん》はおとなだと思《おも》っている人《ひと》は、ほとんどいません。なぜでしょう？

みんなは「おとな」と聞《き》くと、「自分《じぶん》より体《からだ》の大《おお》きい人《ひと》」を思《おも》いうかべると思《おも》いますが、おとなは「心《こころ》の大《おお》きい人《ひと》」をおとなと思《おも》っています。つまり、おとなが思《おも》う「おとな」とは……

自分《じぶん》のやったことに、しっかりせきにんが取《と》れる人《ひと》。どんなことが起《お》きても、あわてず、落《お》ち着《つ》いて考《かんが》えられる人《ひと》。やさしく、広《ひろ》い心《こころ》をもっている人《ひと》。

このように、おとなは「自分《じぶん》より心《こころ》が大《おお》きく、りっぱな人《ひと》」を「おとな」と考《かんが》えるため、いつまでたっても「自分《じぶん》はまだ、おとなじゃない」と思《おも》ってしまうのです。

そう考《かんが》えると、「おとな」というのは、じつはどこにもいない、「あこがれの自分《じぶん》のすがた」なのかもしれません。

このように、おとなもおとなにあこがれていますが、みんなから見《み》たら、やっぱりおとなは「おとな」だと思《おも》います。そう、子《こ》どもとおとなは、やっぱりちがうのです。

おとなの
ふしぎ

おとなと子《こ》どもって、何《なに》がちがうの？

「見《み》ている世界《せかい》」です。おとなは、子《こ》どもよりもたくさんできることがあったり、より多《おお》くのことを知《し》っていたりするため、同《おな》じ場面《ばめん》でも、おとなと子《こ》どもでは、見《み》え方《かた》がちがってくるのです。

花《はな》がいっぱい
さいてるー
これ食《た》べたい！
でも、
あれもいいなー

この画家《がか》は、たしか
フランスのまずしい農村《のうそん》で
くらしていたわね。
きっと、まずしい人《ひと》の
かなしみを
かきたかったのね

おとなはちしきがあるため、わざわざむずかしく考《かんが》えてしまうことがあります。

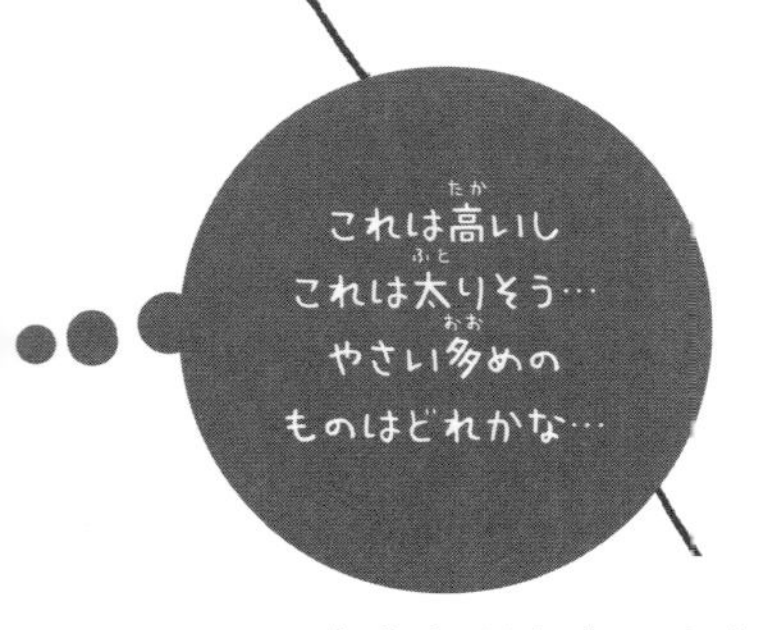
これは高《たか》いし
これは太《ふと》りそう…
やさい多《おお》めの
ものはどれかな…

メニューをえらぶとき、おとなは、お金《かね》のことや自分《じぶん》の体《からだ》のことなどを考《かんが》えながらえらびます。

このように、おとなは、自分《じぶん》いがいの人《ひと》や、かこやみらいなど、じっさいには見《み》えていない、たくさんのことについてもいろいろと考《かんが》えながら、世界《せかい》を見《み》ています。もしかしたら、この「目《め》には見《み》えない、たくさんのこと」を大事《だいじ》にできる人《ひと》こそ、本当《ほんとう》のおとなといえるのかもしれません。

なぜ、おとなは、たいへんなのにはたらくの？

お金《かね》をかせぐため。これが、おとながはたらくいちばんの理由《りゆう》です。みんなは、おうちの人《ひと》などの、おとなといっしょに住《す》んで、食《た》べ物《もの》も服《ふく》も買《か》ってもらっていると思《おも》いますが、おとなになったら、それらすべてを自分《じぶん》で手《て》に入《い》れなければ生《い》きていけません。そのためには、お金《かね》がひつよう。だからおとなは、どんなにたいへんでも、生《い》きるために、はたらくのです。

でも、だからといって、お金《かね》のためだけにはたらいているわけではありません。多《おお》くのおとなは、心《こころ》の中《なか》に、「だから自分《じぶん》ははたらく」という理由《りゆう》を、それぞれもっているのです。

町《まち》のおとな50人《にん》に聞《き》きました。

「お金《かね》をかせぐ」いがいで、あなたがはたらく理由《りゆう》は？

自分《じぶん》がひつようとされているから

たとえば会社《かいしゃ》ではたらく人《ひと》は、その会社《かいしゃ》にとって大切《たいせつ》な人《ひと》です。自分《じぶん》を大切《たいせつ》と思《おも》ってくれている会社《かいしゃ》のために、がんばってはたらく。こういう人《ひと》も、おおぜいいます。

社会《しゃかい》とかかわれるから

おとなでも、たった一人《ひとり》になると、ふあんになります。しかし、社会《しゃかい》の中《なか》ではたらいていれば、毎日《まいにち》たくさんの人《ひと》とかかわることになるため、一人《ひとり》になることはありません。

なかまに会《あ》えるから

仕事《しごと》をつづけていると、そこでいっしょにはたらいている人《ひと》たちのことを、だんだん「なかま」と感《かん》じるようになります。「仕事《しごと》はつらいけど、なかまがいるからがんばれる」という人《ひと》も、たくさんいるのです。

世《よ》の中《なか》をもっと楽《たの》しくしたいから

「この世界《せかい》をゆたかにしたい」「安全《あんぜん》にしたい」「べんりにしたい」など、自分《じぶん》がはたらくことで、世《よ》の中《なか》を少《すこ》しでもよくしたいと考《かんが》え、仕事《しごと》をがんばっている人《ひと》もいます。

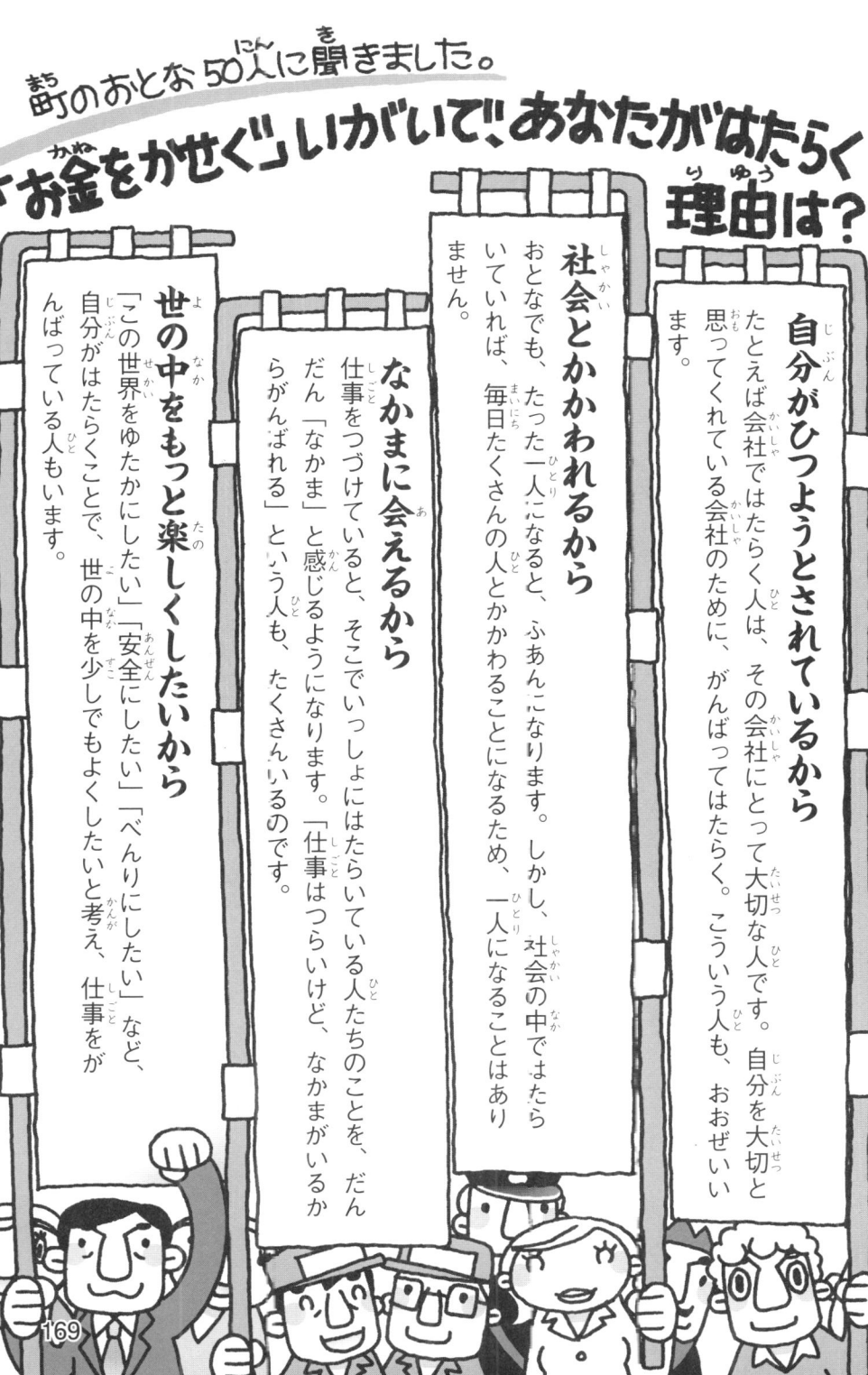

おとなのふしぎ

プロって、どういう人《ひと》？

プロというのは、ほかの人《ひと》にはできないことが、できる人《ひと》。そして、それをすることで、お金《かね》をかせいでいる人《ひと》のことです。

でも、それだけではありません。もう一《ひと》つ、プロには大切《たいせつ》なことがあります。そこで、かれいなるプロの世界《せかい》をのぞいてみましょう。

スポーツせんしゅ

野球《やきゅう》やサッカーは、みんなもできます。でも、プロのスポーツせんしゅは、多《おお》くの人《ひと》ができない、ものすごく上手《じょうず》なプレーで、見《み》る人《ひと》の心《こころ》を楽《たの》しませることができます。

しょうせつか

文章《ぶんしょう》は、みんなも書《か》くことができます。でも、プロのしょうせつかは、読《よ》む人《ひと》の心《こころ》をゆさぶるような文章《ぶんしょう》を書《か》くことができます。

プロとは…お客《きゃく》さんの心《こころ》をつかめる人《ひと》

画家《がか》

みんなも、絵《え》をかくことはできます。でも、プロの画家《がか》たちは、たった一《いち》まいの絵《え》に、たくさんの気持《きも》ちをこめ、見《み》る人《ひと》の心《こころ》に深《ふか》くのこる絵《え》をかくことができます。

農家《のうか》の人《ひと》

たねをまき、水《みず》をあげれば、だれでもやさいやくだものを作《つく》ることはできます。でも農業《のうぎょう》のプロは、土《つち》、水《みず》、光《ひかり》など、さまざまなことに気《き》を配《くば》り、食《た》べた人《ひと》が心《こころ》からおいしいと感《かん》じられる作物《さくもつ》を作《つく》ることができます。

このように、プロとは、多《おお》くの人《ひと》ができないことができるだけでなく、その仕事《しごと》にふれた人《ひと》の心《こころ》まで動《うご》かす人《ひと》をいいます。では、どうすればプロになれるのか。それは、一《ひと》つのことを、だれよりもすきになることです。どんなプロだって、さいしょはみんな下手《へた》でした。それでも、「すき」という気持《きも》ちでがんばりつづけることで、いつしか多《おお》くの人《ひと》の心《こころ》を動《うご》かすプロになっていくのです。

どうして、せいじのニュースでおとなはおこるの?

まずは、このたとえ話《ばなし》を見《み》てください。

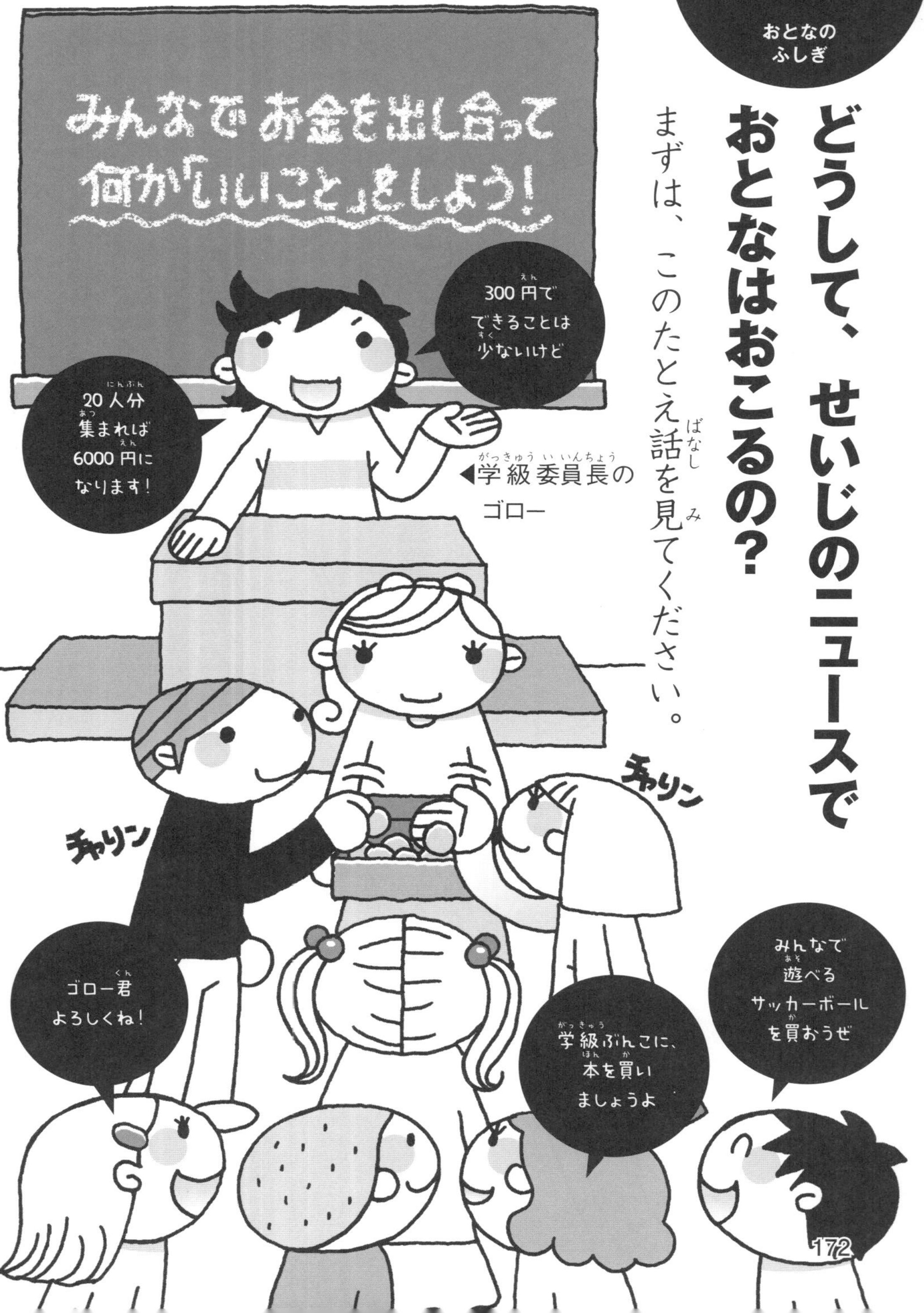

◀学級委員長《がっきゅういいんちょう》のゴロー

そして、みんなのお金《かね》をあずかったゴローは…

お金《かね》をなくした
ガーン
ここにおいたはずが…
自分《じぶん》だけがほしいものを買《か》った
ぼくにとっては「いいこと」だよね
ピコピコ♪
みんながほしくないものを買《か》った
ほしかったでしょ？
とても
むずかしい
ちょう
なんもん
さんこうしょ
にげた…
さいなら〜
ピュ——ッ

もし、こんなことがあったら、みんなはどう思《おも》いますか？

じつは、せいじのニュースでおとながおこる理由《りゆう》は、これとまったく同《おな》じなのです。どういうことかというと……

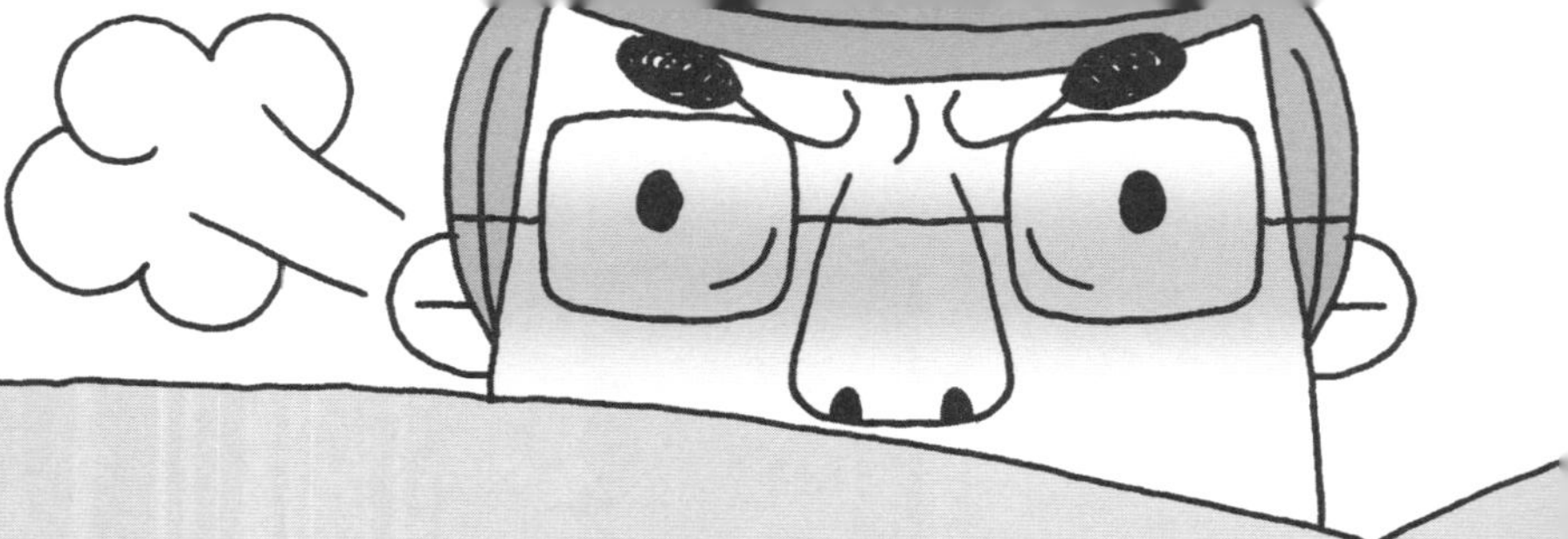

みんなも「消費税《しょうひぜい》」という言葉《ことば》を聞《き》いたことがあると思《おも》います。これは、買《か》い物《もの》をしたときにとられる「税金《ぜいきん》」のことで、おとなは、さらに「所得税《しょとくぜい》」「地方税《ちほうぜい》」など、たくさんの税金《ぜいきん》を国《くに》におさめています。

そして、この税金《ぜいきん》の使《つか》い道《みち》を決《き》めているのが「せいじ」です。道路《どうろ》を作《つく》るなど、ふつうは、みんながしあわせにくらすために使《つか》われている税金《ぜいきん》ですが、テレビでは、「税金《ぜいきん》をむだづかいしている！」とか「税金《ぜいきん》の使《つか》い道《みち》を決《き》めるせいじかが悪《わる》いことをした」といったニュースがよく流《なが》れます。

がんばってかせいだお金《かね》の中《なか》から、たくさんの税金《ぜいきん》をしは

ほかに こんな理由《りゆう》で おこっている場合《ばあい》も…

「せいじかはみんなのためにがんばるべき、せいぎの仕事《しごと》」と強《つよ》く思《おも》っているおとなもいます。このような人《ひと》は、せいじかが悪《わる》いことをすると「うらぎられた！」という気持《きも》ちになり、おこってしまうのです。

せいじは、国《くに》を動《うご》かす大《おお》きな仕事《しごと》。そのため、せいじのニュースにおこることで、「大《おお》きな仕事《しごと》に、もんくを言《い》える自分《じぶん》はすごい」と思《おも》いこむ。こんな人《ひと》もいます。

らっているおとなが、こういったニュースを聞《き》けば、はらが立《た》ってとうぜん！　というわけです。

お父《とう》さんやお母《かあ》さんは、どうしておこるの？

宿題《しゅくだい》をしないと「コラー！」。電車《でんしゃ》でさわぐと「コラー！」。楽《たの》しく遊《あそ》んでいるだけなのに、あんまりガミガミおこられると、少《すこ》し悲《かな》しくなってしまうこともあると思《おも》います。

でも、じつは、お父《とう》さんやお母《かあ》さんは「おこっている」わけではなく、「しかっている」のです。「おこる」というのはイライラして、相《あい》手《て》にかんじょうをぶつけてしまうこと。「しか

しかられると、いやな気持《きも》ちになると思《おも》いますが、お父《とう》さんやお母《かあ》さんは「おこっているわけではない」ということだけは、おぼえておいてください。

る」というのは、相手《あいて》のしあわせを考《かんが》えて、注意《ちゅうい》をすること。「おこる」と「しかる」は、どちらもこわい顔《かお》で、きびしいことを言《い》うため、見《み》た目《め》ではあまりちがいを感《かん》じませんが、頭《あたま》の中《なか》はまったくちがうのです。

でも、お父《とう》さんやお母《かあ》さんもかんぺきな人間《にんげん》じゃない…

このように、みんなのことをいつもいちばんに考《かんが》えているお父《とう》さんやお母《かあ》さんですが、虫《むし》のいどころが悪《わる》いと、つい「おこって」しまうこともあります。でも、おこったあと、かならずこうかいしています。だから、お父《とう》さんやお母《かあ》さんが「おこっている」と感《かん》じたら、お手《て》つだいをするなど、ちょっとやさしくしてあげましょう。

しかっている お母《かあ》さんの頭《あたま》の中《なか》
わたしがいつまでも、いっしょにいられるわけじゃないし
楽《たの》しそうにしているのをじゃましたくないけど…
だれかにめいわくかけてないかしら…
ここできびしく言《い》っておかないと、あとでこの子《こ》がこまることになる…
おとなになっても、このままだったら…ちゃんとはたらけるか心配《しんぱい》だわ

お母《かあ》さんは、ぼくのことがきらいなんだよね？ 妹《いもうと》のほうがかわいいみたいだし……

おさないきょうだいがいる場合《ばあい》、たしかにお母《かあ》さんは、みんなよりも、妹《いもうと》や弟《おとうと》を気《き》にしている時間《じかん》のほうが長《なが》いと思《おも》います。そして、みんなは「お兄《にい》ちゃんなんだから、しっかりしなさい」「お姉《ねえ》ちゃんなんだから、がまんして」などと、言《い》われていることでしょう。でも、お母《かあ》さんは、妹《いもうと》や弟《おとうと》と同《おな》じくらい、みんなのことも大《だい》すきです。

それならどうして、妹《いもうと》や弟《おとうと》のことばかり気《き》にするのかというと、妹《いもうと》や弟《おとうと》は、みんなよりも生《い》きてきた時間《じかん》が短《みじか》い分《ぶん》、いろいろなことが

上手《じょうず》にできないからです。言葉《ことば》がわからない、ごはんをこぼす、一人《ひとり》で服《ふく》を着《き》られない……。でも、お母《かあ》さんは一人《ひとり》しかいません。だから、どうしても、いろいろなことができない小《ちい》さい子《こ》に、時間《じかん》をとられてしまうのです。

やってみよう

自分《じぶん》と、妹《いもうと》や弟《おとうと》の「できること」をくらべよう

下《した》の表《ひょう》のくうらんに、それぞれ「一人《ひとり》でできること」に○、「一人《ひとり》ではできないこと」に×をつけてみましょう。

自分《じぶん》	一人《ひとり》でできること	妹《いもうと》・弟《おとうと》
	服《ふく》を着《き》られる	
	ごはんをきれいに食《た》べられる	
	ねられる	
	遊《あそ》べる	
	おるすばんできる	
	家《いえ》に帰《かえ》って来《こ》られる	
	おふろに入《はい》れる	

みんなが「しっかりしなさい」「がまんしなさい」と言《い》われるのは、お母《かあ》さんがみんなのことを「しっかりできる」「がまんができる」としんじているからです。そこで「自分《じぶん》のことをもっと気《き》にしてほしい」と感《かん》じたら、すすんで、妹《いもうと》や弟《おとうと》のめんどうをみてあげましょう。それで、お母《かあ》さんにゆとりができたら、みんなが妹《いもうと》や弟《おとうと》と同《おな》じくらいの年《とし》だったころの話《はなし》を、聞《き》かせてもらいましょう。

ストレスって、何《なに》？

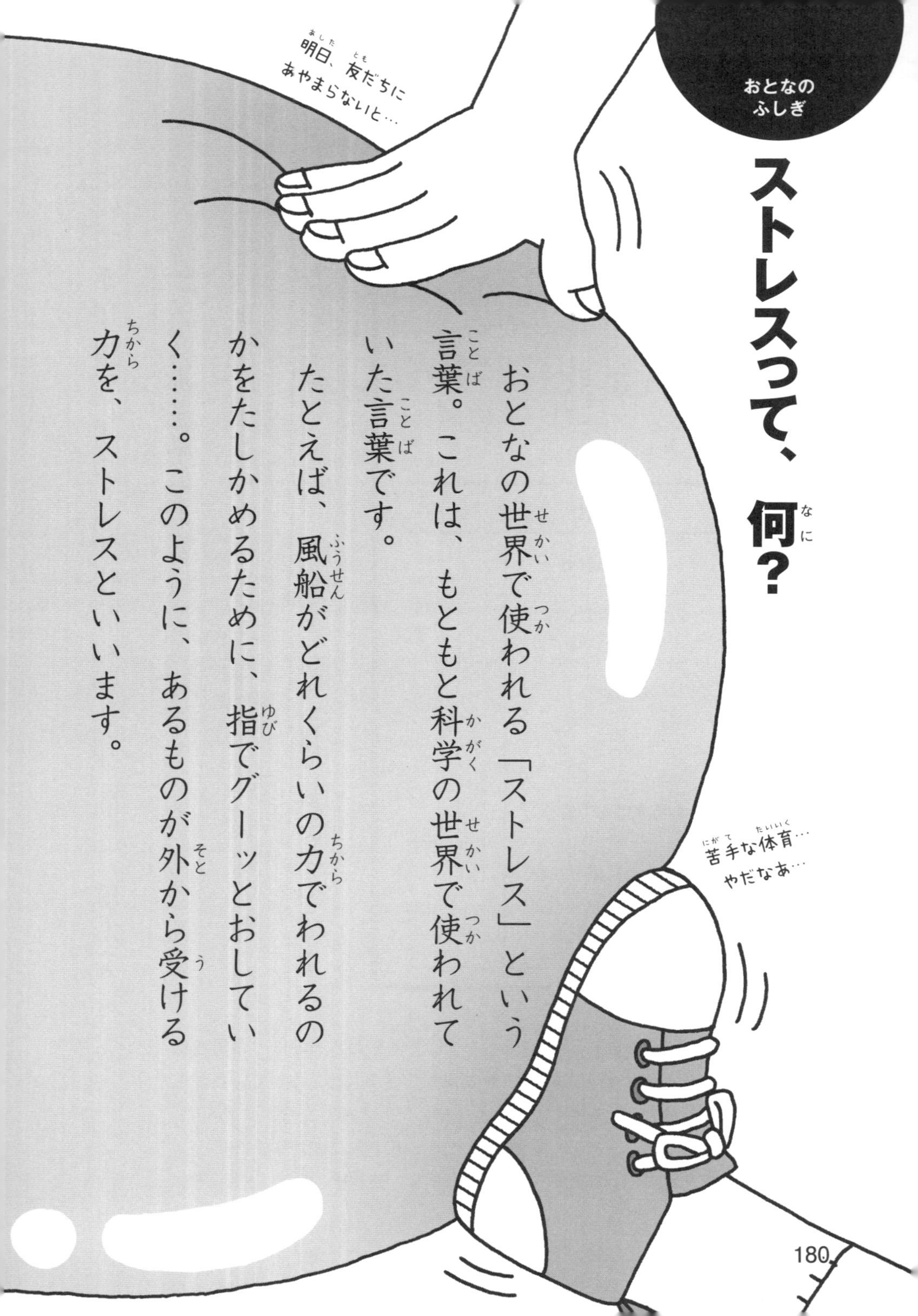
明日《あした》、友《とも》だちに
あやまらないと…
苦手《にがて》な体育《たいいく》…
やだなあ…

おとなの世界《せかい》で使《つか》われる「ストレス」という言葉《ことば》。これは、もともと科学《かがく》の世界《せかい》で使《つか》われていた言葉《ことば》です。

たとえば、風船《ふうせん》がどれくらいの力《ちから》でわれるのかをたしかめるために、指《ゆび》でグーッとおしていく……。このように、あるものが外《そと》から受《う》ける力《ちから》を、ストレスといいます。

これを、心《こころ》の問題《もんだい》に当《あ》てはめ、近《ちか》いみらいにおそってくる「いやなこと」を考《かんが》えたとき、心《こころ》がぎゅーっとおしつぶされたような、いやな気《き》持《も》ちになる……。このような気《き》持《も》ちを、ストレスとよぶようになったのです。

でも、子《こ》どものうちに感《かん》じるストレスは、ほうっておけば、自然《しぜん》に消《き》えてしまうものがほとんど。あまり気《き》にしないようにしましょう！

ストレスを感《かん》じたら…ためしてみよう！

おとなは、子《こ》どもがそうぞうできないほど、たくさんのストレスをかかえて生《い》きています。そのため、ストレスを消《け》すほうほうも、たくさんあみだされました。人《ひと》によって、きいたり、きかなかったりしますが、もし、これから先《さき》、みんなが大《おお》きなストレスを感《かん》じることがあったら、こんなほうほうをためしてみてください。

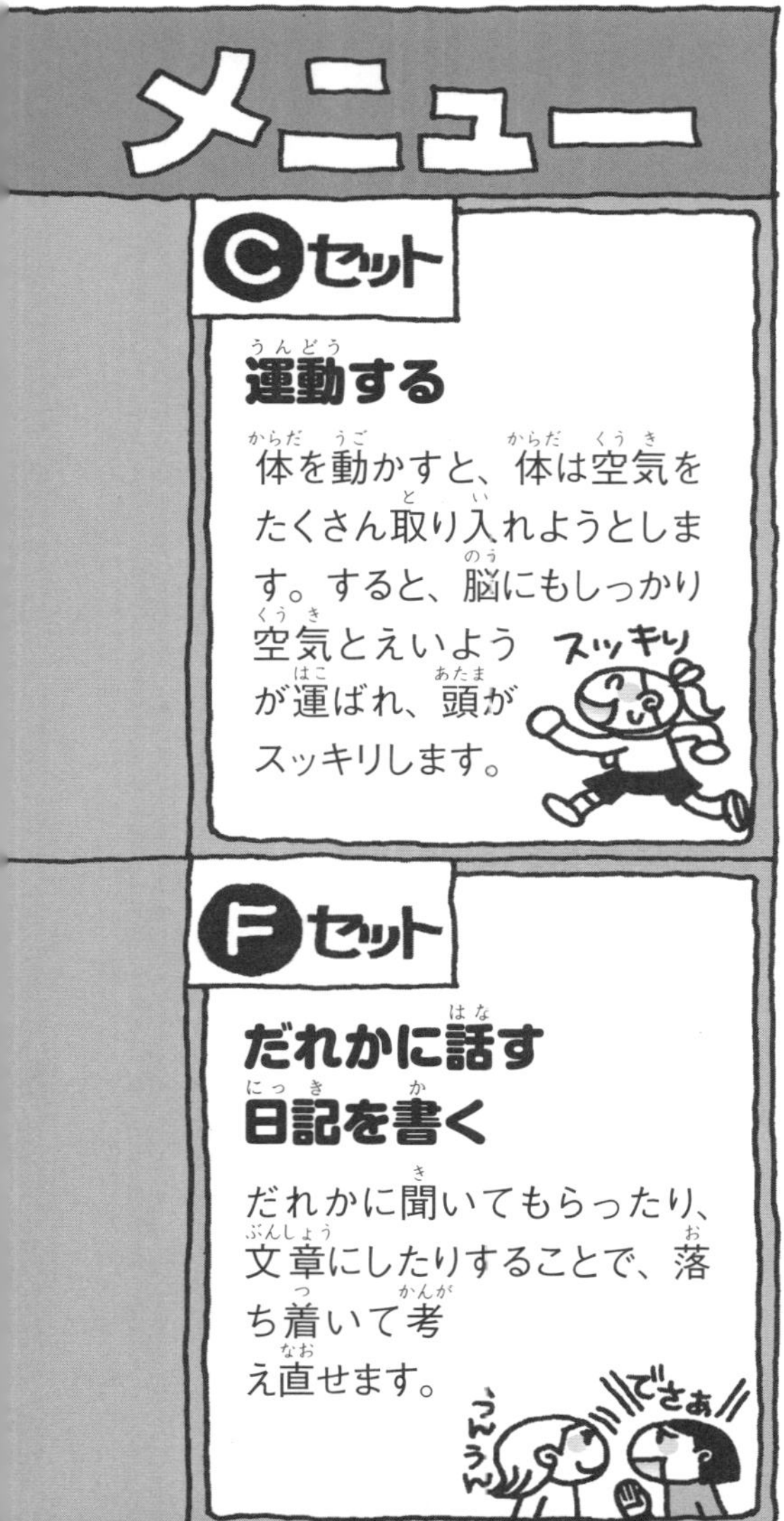

メニュー
Ⓒセット
運動《うんどう》する
体《からだ》を動《うご》かすと、体《からだ》は空気《くうき》をたくさん取《と》り入《い》れようとします。すると、脳《のう》にもしっかり空気《くうき》とえいようが運《はこ》ばれ、頭《あたま》がスッキリします。
スッキリ
Ⓕセット
だれかに話《はな》す
日記《にっき》を書《か》く
だれかに聞《き》いてもらったり、文章《ぶんしょう》にしたりすることで、落《お》ち着《つ》いて考《かんが》え直《なお》せます。
うんうん
でさぁ

いらっしゃいませー

ストレススッキリ ハッピー

Aセット

わらう

たくさんわらうと、脳《のう》から「楽《たの》しくなれ！」というめいれいが出《で》ます。ストレスは楽《たの》しさに弱《よわ》いので、楽《たの》しくなるほどストレスは消《き》えていきます。

Bセット

大声《おおごえ》を出《だ》す

校庭《こうてい》や体育館《たいいくかん》、自然《しぜん》の中《なか》など、広《ひろ》い場所《ばしょ》に行《い》って、大《おお》きく口《くち》を開《あ》け、思《おも》いきりさけんでみましょう。もやもやしていた気《き》持《も》ちもスッキリ。

Dセット

はなれてみる

その場所《ばしょ》にいることがストレスとなっていて、何《なに》をしてもそのストレスを消《け》すことができないならば、少《すこ》しそこからはなれてみるというのも、一《ひと》つのほうほうです。

Eセット

かみがたをかえる

新《あたら》しい自分《じぶん》に出会《であ》えたような気持《きも》ちになり、考《かんが》え方《かた》もかわってきます。すると、前向《まえむ》きに考《かんが》えることができたり、よいアイデアが出《で》たりします。

早《はや》くおとなになりたい！どうすればいい？

「朝《あさ》起《お》きたら、いきなり20才《さい》になっていた！」なんてことは、ありません。身長《しんちょう》もすぐにはのびませんし、子《こ》どもでは、自分《じぶん》ではたらいて生活《せいかつ》することも、むずかしいでしょう。

でも心《こころ》なら、自分《じぶん》のがんばりしだいで、今《いま》すぐおとなに近《ちか》づくことができます。そこで、心《こころ》のせいちょうに役立《やくだ》つ3つのことを、しょうかいします。

① 本気《ほんき》で習《なら》い事《ごと》をしてみる

一《ひと》つのことに、しんけんに取《と》り組《く》むことで、きんちょうや、つらさをのりこえるけいけんができます。また、じょうたつすることで、じしんも身《み》につくので、おとなの「強《つよ》い心《こころ》」に近《ちか》づくことができます。

② いろいろな物語《ものがたり》にふれる

じっさいにまわりの人《ひと》と話《はな》して、自《じ》分《ぶん》の心《こころ》の動《うご》きを感《かん》じたり、相手《あいて》の気《き》持《も》ちを考《かんが》えたりするけいけんも、もちろん大切《たいせつ》です。しかし、えいがや本《ほん》など、物《もの》語《がたり》の世界《せかい》には、たくさんの人《ひと》の心《こころ》がえがかれているので、これらを知《し》ることで、おとなの「やさしい心《こころ》」に近《ちか》づくことができます。

③ とにかく考《かんが》える

「なぜ？　どうして？」と、ぎもんに思《おも》うことがあったら、とにかく一生《いっしょう》けんめい考《かんが》えるようにしましょう。とくに心《こころ》についてのぎもんは、正《ただ》しい答《こた》えがなく、さまざまな答《こた》えをそうぞうできるため、おとなの「ゆたかな心《こころ》」に近《ちか》づくことができます。

心《こころ》が育《そだ》っていくと、自分《じぶん》いがいの人《ひと》の心《こころ》も少《すこ》しずつ見《み》えてきます。また、自分《じぶん》の気持《きも》ちをおさえることで、ぎゃくにもっと楽《たの》しい気持《きも》ちになったり、人《ひと》をよろこばせることで、自《じ》分《ぶん》もうれしい気持《きも》ちになったりするなあと、気《き》づくときがきます。そのときこそ、みんなの心《こころ》がおとなに近《ちか》づいたしゅんかんなのです。

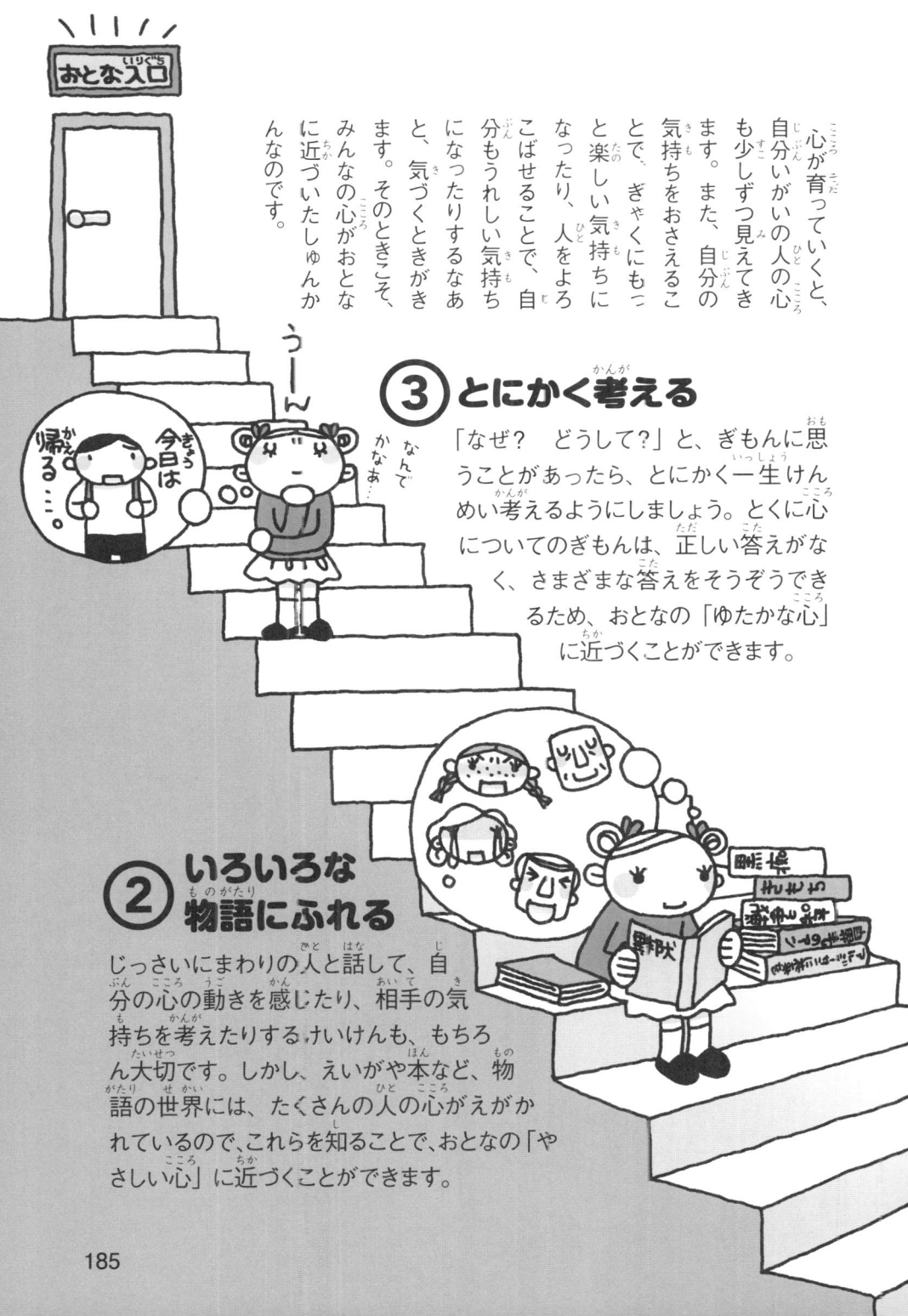

じっさい、おとなになったら、いいことってあるの？

では、おとなの人《ひと》にちょくせつ聞《き》いてみましょう。

お金《かね》が自由《じゆう》に使《つか》える！

おとなは、自分《じぶん》でお金《かね》をかせげるので、どんな使《つか》い方《かた》をするのかは自分《じぶん》の自由《じゆう》です。そのため、お金《かね》があれば、ほしいものをすきなだけ買《か》うこともできます。

子《こ》どものころに
買《か》えなかったものが、
たくさん
買《か》えるんだ！

勉強《べんきょう》がすきになった！

おとなになったら、自分《じぶん》がすきなことだけを勉強《べんきょう》できます。そのときはじめて、自分《じぶん》は勉強《べんきょう》がすきなんだと気《き》づく人《ひと》も、たくさんいます。

龍馬
武士の掟
武士の掟
戦国
戦国
さいきん、
れきしの勉強《べんきょう》が
おもしろくてね

おじゃましまーす
Otona
おとな
ハイツ

しあわせな思《おも》い出《で》がたくさん！

長《なが》く生《い》きていると、もちろん、つらいこともたくさんありますが、ふり返《かえ》ってにっこりえがおになるような、すてきな思《おも》い出《で》もふえていきます。そのすてきな思《おも》い出《で》たちが、つらいことをのりこえる力《ちから》にもなるのです。

あの木《き》は
むすめが生《う》まれた年《とし》に
おじいさんが
うえてくれたの

自由《じゆう》に生《い》きられる！

もちろん、しっぱいしたときは、自分《じぶん》でせきにんを取《と》らなければいけませんが、「どうしても、やりたいことがある」「これなら、自分《じぶん》はせいこうする」と思《おも》ったとき、おとななら、すぐにその生《い》き方《かた》をえらべます。

いろいろな人《ひと》と出会《であ》える！

世《よ》の中《なか》には、自分《じぶん》とはちがったおもしろい人《ひと》や、「この人《ひと》みたいになりたい！」と思《おも》えるすごい人《ひと》が、たくさんいます。おとなになると、このような人《ひと》たちと出会《であ》うチャンスがどんどんふえていきます。

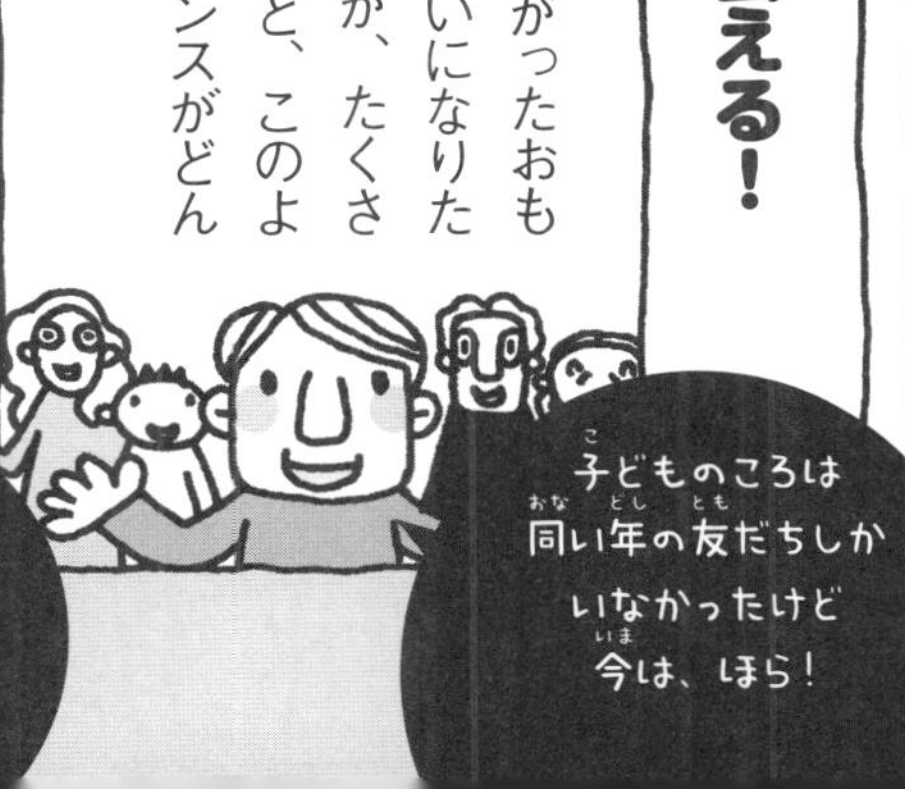
子《こ》どものころは
同《おな》い年《どし》の友《とも》だちしか
いなかったけど
今《いま》は、ほら！

自分《じぶん》の心《こころ》をひょうげんできる！

だれでも、自分《じぶん》の気持《きも》ちをうまく相手《あいて》につたえられず、くやしい思《おも》いをしたことがあると思《おも》います。でも、おとなになればなるほど、自分《じぶん》の気持《きも》ちをちゃんと言葉《ことば》にして、相手《あいて》につたえられるようになります。

大切《たいせつ》な人《ひと》と
わかり合《あ》える
ようになったよ

おとなになったら、世界《せかい》をかえられる？

かえられます。よい方向《ほうこう》にも、悪《わる》い方向《ほうこう》にもかえられますが、悪《わる》い世界《せかい》にしたい人《ひと》なんて、まず、いませんよね。では、どうすれば、よい方向《ほうこう》に世界《せかい》をかえられるのでしょう？

それは、みんなが「たくさんのしあわせの形《かたち》が見《み》える」おとなになることです。

この本《ほん》のさいしょで、「何《なに》にしあわせを感《かん》じるかは、人《ひと》によってちがう」と、お話《はな》ししました。おとなになると、子《こ》どものころよりもたくさんの人《ひと》とかかわり合《あ》いながら生《い》きることになるので、いろいろな人《ひと》の気持《きも》ちにふれ、自分《じぶん》とはちがう形《かたち》のし

あわせも、たくさん見《み》えてきます。

そして、おとなになると、子《こ》どものころよりもできることがふえるので、しあわせをかなえやすくなります。そのとき、みんなが、自分《じぶん》いがいの人《ひと》のしあわせをしんけんに考《かんが》えて、それをかなえてあげられる、すてきなおとなになれれば……。

世界《せかい》は、ゆっくり、よい世界《せかい》へとかわっていくでしょう。

この本《ほん》では、これまでたくさんのしつもんに答《こた》えてきましたが、さいごに、この本《ほん》からみんなにしつもんします。

みんなは、これから、どんな世界《せかい》にしていきたいですか？

じつは、この答《こた》えこそが、世界《せかい》をよい方向《ほうこう》にかえる、第一歩《だいいっぽ》なのです。

おわりに

さいごまで読《よ》んでいただき、ありがとうございます。

この本《ほん》は、たくさんの心《こころ》のふしぎの答《こた》えを書《か》いた本《ほん》ですが、じつは、答《こた》えを知《し》ることは、それほど大切《たいせつ》ではありません。

それよりも、本《ほん》を読《よ》んだときに出《で》てきた、いろいろな気持《きも》ち。これこそが、本当《ほんとう》に大切《たいせつ》なものなのです。

心《こころ》というのは、とってもむずかしいものです。でも、自分《じぶん》の中《なか》で生《う》まれた、たくさんの気持《きも》ちを大切《たいせつ》にしていれば、きっと、少《すこ》しずつ、自分《じぶん》の心《こころ》の形《かたち》や、いろいろな人《ひと》の心《こころ》の形《かたち》がわかってくると思《おも》います。だから、これからも、生《う》まれた気持《きも》ちを心《こころ》の中《なか》に、大切《たいせつ》にしまっておくようにしてください。

大野《おおの》　正人《まさと》

おうちの方へ

『続・こころのふしぎ　なぜ？　どうして？』は、いかがでしたか？　1年生の「かがく」からスタートした本シリーズは、発売当初から多くの子どもたちに愛読され、「しゃかい」「ことば」そして「こころ」というように、様々な領域についてのふしぎを追究してきました。とくに『こころのふしぎ　なぜ？　どうして？』については、たいへん大きな反響があり、ありがたく思っています。

ちまたには、心に関する本があふれています。毎日のように新刊が発行され、ベストセラーになる本も人間の心を扱ったものが多いようです。それだけ、私たちは自分や他人への感情や気持ち、意識に関心が高いといえるでしょう。それは、つまり人間の心と、それに伴う行動については、まだまだわからないことがたくさんあるからです。ここに、本書が子どもたちのみならず、おとなにも愛読される理由があると考えています。

おとなも子どもも、素直で、正直で、やさしく、思いやりがあり、自信があるといった「真善美」の心を誰もがもちたいと思っています。ところが今の子どもたちは、自分に自信がなく、自己効力感が年々低下しているという話も聞かれ、その現状を何とかしたいと思い、日々活動しています。

本書は、読むことで自分自身や身の回りを見つめ直し、子どももおとなも自信をもち、みずから考えて行動できるようになることを願い、制作しました。本書から心のふしぎさや生きることの意味を多くの読者の方々が考え、人間に対する興味・関心をもってもらうことを願ってやみません。

文部科学省初等中等教育局
教育課程課教科調査官　村山　哲哉

監修者
村山哲哉　むらやま てつや
1990年から都内公立小学校教諭、副校長、墨田区教育委員会統括指導主事などを経て、2009年から文部科学省初等中等教育局教育課程課教科調査官、国立教育政策研究所教育課程研究センター研究開発部教育課程調査官・学力調査官として活躍。第４期中央教育審議会教育課程部会理科専門部会委員（小・中学校理科）、学習指導要領改善協力者会委員（小学校理科）などを務め、2011年実施の小学校学習指導要領理科の中心的な役割を果たす。
〈著書・監修書〉
『たのしい！ かがくのふしぎ なぜ？ どうして？ 1年生』『こころのふしぎ なぜ？ どうして？』（高橋書店）をはじめ、同シリーズの多くを監修
『わかる！ 小学校理科授業入門講座』（文溪堂）
『「自分事の問題解決」をめざす理科授業』（図書文化）
『小学校理科「問題解決」8つのステップ』（東洋館出版社）
『NHKふしぎがいっぱい ３年生』『（同）４年生』『（同）５年生』『（同）６年生』（NHK出版）
など多数

原案・執筆
大野正人（おおの まさと）
文筆家。絵本作家。1972年、東京都生まれ。発刊7カ月で20万部を突破した『こころのふしぎ　なぜ？ どうして？』を含む、累計200万部を突破した高橋書店の「楽しく学べるシリーズ」のすべてを手がける。ほかの著書に『夢はどうしてかなわないの？』『お金があればしあわせなの？』『恋ってなに？』（汐文社）、『ズボラーさんのたのしい朝ごはん』（文響社）などがある。

続・こころのふしぎ　なぜ? どうして?

監修者　村山哲哉
発行者　高橋秀雄
発行所　**株式会社 高橋書店**
〒112-0013　東京都文京区音羽1-26-1
電話　03-3943-4525
ISBN978-4-471-10336-1　

本書の内容についてのご質問は「書名、質問事項（ページ、内容）、お客様のご連絡先」を明記のうえ、郵送、FAX、ホームページお問い合わせフォームから小社へお送りください。

回答にはお時間をいただく場合がございます。また、電話によるお問い合わせ、本書の内容を超えたご質問にはお答えできませんので、ご了承ください。本書に関する正誤等の情報は、小社ホームページもご参照ください。

【内容についての問い合わせ先】
書　面　〒112-0013　東京都文京区音羽1-26-1　高橋書店編集部
ＦＡＸ　03-3943-4047
メール　小社ホームページお問い合わせフォームから　(http://www.takahashishoten.co.jp/)

【不良品についての問い合わせ先】

ページの順序間違い・抜けなど物理的欠陥がございましたら、電話03-3943-4529へお問い合わせください。

ただし、古書店等で購入・入手された商品の交換には一切応じられません。